リップル洋品店の仕事と暮らし

岩野開人　岩野久美子

ひとつずつの色
ひとつずつの形
ひとつずつの生き方

はじめに

12年前、夫婦で始めた「リップル洋品店」。

デザインをして縫い、色を生み出して染める。私たちが1着、1着つくりあげる服を並べ、1か月に7日間しか開かない、山の上の小さな店です。

群馬県桐生市の、ちょっと不便な場所にある、小さな、わかりづらい店ですが、さまざまな職業、さまざまな年齢、さまざまな個性の方たちが、足を運んでくださり、目をキラキラさせて服を手に取ってくださいます。

人は、ひとりひとり違っていい。服も、1着1着違っていい。

そんな思いでつくる1点ものの服たちは、買ってくださった方々の日常になじみ、1年、2年、10年と経つうちに、その人の記憶や思い出を吸い込んで、「もの」以上の特別な存在になっていく。そういう「人」と「服」の関係の奥深さ、面白さに魅せられて、流行に関係ない、長く着られる服をつくり続けています。

今回、服のこと、店のこと、暮らしのこと、今までのこと、これからのことを本にまとめることになりました。いつも店内を色いっぱいにして、お客さまをお待ちしているように、本にも色をいっぱい詰め込んで、みなさんにお届けします。

岩野開人《いわのはるひと》・久美子《くみこ》

目次

第3章

リップル洋品店　始まりのお話

第4章

自分たちらしい生き方、働き方

第5章

ひとつずつの色、ひとつずつの形

本文の各項目は、
「H」が開人、
「K」が久美子が語り手です。

第1章 リップル洋品店へようこそ

山の上の「リップル洋品店」へようこそ

結婚以来、息子３人を育てながら、私たち家族に合った生き方、暮らし方をしています。

生活に必要なものはできるかぎり手でつくる。

さまざまなものを、さまざまな素材を使い、子どもたちと一緒に手でつくりながら暮らしてきました。野菜やハーブ、家具、器、遊具……。服づくりも、もともとはそのひとつ。

２００９年にリップル洋品店を始めてから、服づくりは仕事になりましたが、それもまた、私たちの暮らしの一部です。

月に７日間だけ服を販売するアトリエショップも、自宅の敷地内にあります。

桐生の町が一望できるこの場所に引越してきたのは６年前。

わざわざ桐生まで服を買いに来てくださるお客さまたちに、この景色も見てもらいたい。

そんな思いもあって、この場所に決めました。デザインや縫製をしている私の仕事部屋も、色をつくり、染めている開人の工房もここにあります。

そう、私たちの暮らしのなかから生まれる服なのです。

桐生までようこそ。のれんをくぐると、色とりどりの
服が「誰かの1着」になるため待っている。

月に500着ほどの服を世に送り出しています。「アトリエショップ以外では買えないの？」と聞かれますが、日本各地のギャラリーなどで期間限定の個展というかたちで販売したりしています。

服のデザインは、ギャザーをたっぷり寄せたエレガントなものもありますが、年齢、性別、国籍に関係なく身にまとえるボーダレスが基本。境界線をつくらないことを大事にしています。実際、ご夫婦で、あるいはお母さんと息子さんが兼用で着てくださっているお客さまもいるんです。

サイズも「フリー」のワンサイズのみ。どんな体型の方でも、妊婦さんでも、きれいに着てもらえるよう考えています。それは、私が子どもの頃から、ひとつのものを長く使うことの面白さ、愛おしさを感じてきたから。人生において、時期や年齢によって、体の線が変わっても、その1着をずっと着続けてほしいという思いです。

1年のなるべく長い時期、着てもらいたいので、季節もあまり細かく区切っていません。セーターなどはウールだと冬だけになってしまうので、綿の糸を使い、夏以外のスリーシーズン着られるようにしています。綿だと洗濯もラクですよね。綿は糸をいっぱい使うと重たくなってしまうので、中が空洞の糸をつくり出して使うなど、着心地も工夫しています。

毎月7日間のアトリエショップでは、そんな服の数々が並びます。色のバランスなどを考えつつ、日々、300着ほどがずらり。すべて1点ものの服で「毎日が初日」。常連さんのなかには、何日も通ってきてくださる方もいます。

そして、ときには「いま染め上がった生乾きの服」が登場することも。これも工房とショップが隣り合わせだからこそ。一期一会、その人だけの1着に出合ってもらえたらと思っています。

左・何着つくっても、何 10 着、何 100 着つくっても、1 着1 着が唯一無二の存在。思いを込めてまたつくる。

すべて手づくり、1点もの

僕らがリップル洋品店を始めて10余年。久美子のデザインの数も次第に増え、いまでは100パターンくらいあります。「これは廃盤」「もうつくらない」というものはなく、少しお休みしてまたつくったり、絶え間なくつくり続けているデザインも多くあります。

そんなふうに決まったデザインがあっても、なぜすべて1点ものかというと、色がバラバラだから。それは、僕が手染めをしているからなんです。

そもそも僕らの服づくりは、久美子が自分や家族の服を縫い出したことから始まりました。その頃は、市販の色の生地を使っていたのですが、一緒に布を買いに行くと、「この色とこの色の間の色がほしい」とか「これよりもう少し青みがかった色がいい」と久美子がいつもいっていて。そうか、ほしい色がないなら、僕が染めてみようかと。

それから猛勉強が始まったのですが、手で染めるとどうしても色が安定せず、ゆらぐんです。10回染めれば、10色になる。毎回、まったく同じ色を出したければ、機械で染めるしかないのですが、手染めならではの、そのゆらいだ色がどれもこれも、全部いい色なんです。

制服のように、みんながみんな同じ色を着るのではなく、ひとりひとり、自分が好きな、自分に合った色を身にまとえたらいい。

そんな思いから、リップル洋品店では「青」といってもいろいろな青の服が、「黄色」といってもいろいろな黄色の服が並びます。

使う布の質感によっても発色が変わるので、「形（デザイン）×色×質感」で、どれひとつとして同じものがない、すべて1点ものです。

それに、久美子は「ひらめきの人」なので、完成した服に突然、刺しゅうやパッチワークをし始めたりするんです。そうしてできあがった服も、まさに1着のみのサプライズ。

常連さんたちは「えっ、刺しゅうが入っているのはこれひとつだけ？」「でも、それがリップルよね」などと妙に納得してくれています。そう、その自由さが、まさにリップルなのです。

手づくりの色は、無限

刻々と変わりゆく空模様のように。移ろいゆく季節のように。

変化する一瞬の色を服に映し出し、同じものは存在しない1着をお客さまにお届けしたい。そんな思いで服づくりをしています。

決まった色、決まった形、決まった生き方ではなく、ひとつずつの色、ひとつずつの形、ひとつずつの生き方を。服も、人も同じ。

生き方も個性も違う方々が、自分の内面と響き合う色に出合っていただければと、いつも店内をさまざまな色で埋めつくします。

「いつもは赤は着ないけれど、この赤なら着たい」

お客さまのそんな声を聞くと、ご自分の赤と出合えたのだな、とうれしくなります。

ただ「着る」という役割だけでなく、その色を身にまとうことで、勇気が出たり、ワクワクしたり、心が和んだり。その人の精神に働きかけるような服であってほしい。手染めならではの色のゆらぎを、景色や絵画を眺めるように愛でていただけたらと思っています。

ひとりひとりのための服

「今日はどんな出合いがあるかな」

お客さまはみなさん、月に7日間のアトリエショップにこんな気持ちでいらしてください ます。

そのときそのときで、展開しているアイテムが違う1点ものなので、「何色の、どんな形の、どんな質感のブラウスがほしい」といった限定的なご要望をおもちだと、うちの場合、ちょっとむずかしいかもしれません。それよりも、想定しない不意打ちのような出合いを楽しみに、ドキドキしながら来ていただけたらと思っています。

アトリエショップの期間中は、久美子も僕もほとんどショップに立っています。といっても、こちらからお客さんに話しかけることはなく、特に僕は黒子に徹して、ディスプレイなどの手直しをしたりしながら、見守っています。でも、耳に届いてくるお客さま同士の会話や、お客さまのひとこと、ふたことの感想やつぶやきが、今後の服づくりの参考にもなり、勉強にもなるんです。

そして、お客さまがレジに服をもって行く様子を見るたび、「あっ、あの服は、この人のための1着だったんだ」「この人のための形、色だったんだ」と毎回、感動します。それは10何年、服を売っていても変わらない。ああ、めぐり合ってくれたんだな、という感動です。月に500着ほどの服をつくっていますが、その日にそのタイミングでその服を選んでくださるという奇跡。だから縫っているときも、染めているときも、500着中の1着などと思わず、1着、1着と真剣に向き合っています。僕らがつくったものを買ってもらう、というのではなく、僕らがその方のためにつくった、という思いです。

1着、1着、どの服も、行くべき人のところに行くように感じます。

うちは常連さんも多いので、色が生まれたときとか、形が仕上がったときに、「これ、誰々さんっぽいね」などと久美子と話すことがあるんです。僕らがそれをお客さまに伝えることはありませんが、本当にその人が買ったりすると、夫婦でこっそり顔を見合わせて、ほほえみ合ったりしています。

選んでいただいた服は、以後、その方と一緒に思い出をつくっていくことになりますが、その服が誕生するまでにも、じつは物語がある。

いままで、服をきちんとした写真に残すことをしてこなかったので、今回、代表的な服を写真で紹介しつつ、それらの誕生物語もお伝えできたらと思います。

服とは、単に「もの」ではない、いっぱいの「何か」を詰め込んだ存在です。

オールドタウンドレス

プーケットの旧市街を訪れたとき、西洋と東洋が融合した独特の民族衣装を数多く見て、着想を得たドレス。リップルならではの色を何色も贅沢にはぎ合わせている。色によって雰囲気がかなり変わり、黒のグラデーションのパターンはきちんとした装い着にも。美しいくるみボタンは、桐生の老舗ボタン屋製。

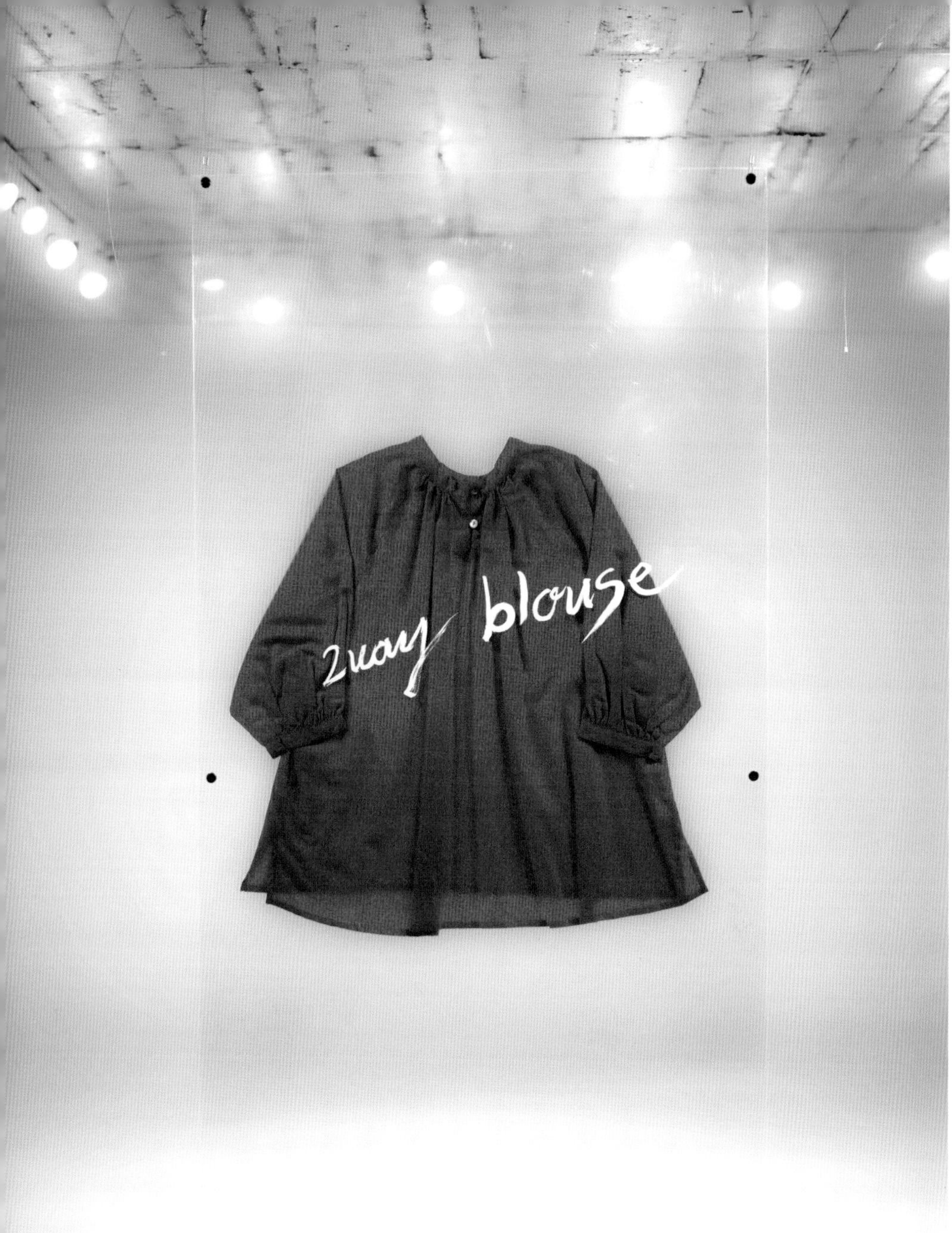

2wayブラウス

100年ほど前の西洋の画家が着ていたスモックをヒントにデザイン。首のラインや着丈が前後で変えてあり、どちらを前にしても着られて便利。アームホールをたっぷりとっていて手が動かしやすく、7分丈の袖で季節をあまり選ばない。パンツともスカートとも合わせやすいよう、身幅は検討に検討を重ねた。

ヒエン夫人のワンピース

アジアの旅で出会った女性が身につけていた服の贅沢な布使い、動くたびに揺れるドレープ、小さなボタンが連なる胸元に心奪われて、その場でデッサンをさせてもらった思い入れのあるデザイン。その女性の名を服にもつけ、この8年、着丈や素材を変えながらつくり続けて多くの人に気に入っていただいている。

コットンセーター

3章でエピソードを紹介する「トヨコおばあちゃんのセーター」。リップルでもセーターがつくりたくて、祖母がたくさんもっているセーターのなかから特にお気に入りの鹿の子編みを選択。納得できる綿の糸づくりに1年をかけ、首まわりは型崩れしないよう細く手編みにして。長く愛されるセーターが完成した。

サークルプルオーバー

子どもの頃の工作遊びの延長で、形で遊んだ図形シリーズのひとつ。ほぼ円形の身頃に袖をつけた。着るとサイドに美しいラインが生まれ、独特のニュアンスを醸し出してくれる。男性にも好評で、ウール素材の黒をフォーマルに活用している方も。女性が下にレギンスをはいて、ワンピースのように着ても素敵。

ノーカラーコート

どんな体型でも美しいシルエットが出るよう、前身頃の重なり加減や身幅にこだわった。ラグラン袖で、着る人それぞれの肩のラインが生まれるような工夫も。写真は、表も裏もコットンのリバーシブル。ジャガード織や麻などでつくると、また違った印象に。性別、年齢、和洋に関係なく愛用してもらっている。

ボートネックシャツ

リップルを始めた頃、お客さまから「年を重ねると、首まわりは前ではなく横に空いている服のほうがいい。ひじやお尻は隠したいが、前は丈が短いほうがいい」と要望を聞き、シンプルでも細部にこだわったデザインに。刺しゅうやパッチワークをしたり、写真のように手捺染の布でもつくっている。

多くの服を見て勉強する必要がある、と考えていた12年前、骨董品屋で出合ったコートは、和服から洋服へと切り替わりつつある大正期につくられた、素朴で温かみのあるデザインだった。売ってはもらえず、頼んで借用して研究。改良を重ねてレトロ感のあるこの形になった。ちらりと見えるボタンは、天然貝製。

クラシックコート

バタフライドレス

10代から70代までのお客さまに不動の人気。蝶の羽からイメージした上身頃は、着る人の体型によって肩の落ち方が変わり、服のシルエットにそれぞれ個性が生まれるのも面白い。ウエストを思い切り絞ったり、後ろでゆるく縛るなど着方のアレンジ自由自在。色と素材違いで、何着ももっている人も多い。

ラップパンツ

新しいデザインのパンツ。ラオスやネパールなどで男性がはいている筒状のパンツに発想を得て、エレガントな要素を織り込んだ。シャツを中に入れ、ウエストまわりを出して着るとデザインが引き立つ。着る人の身長、性別を選ばず、男性にもとても人気。カシュクールコートとコーディネートしても。

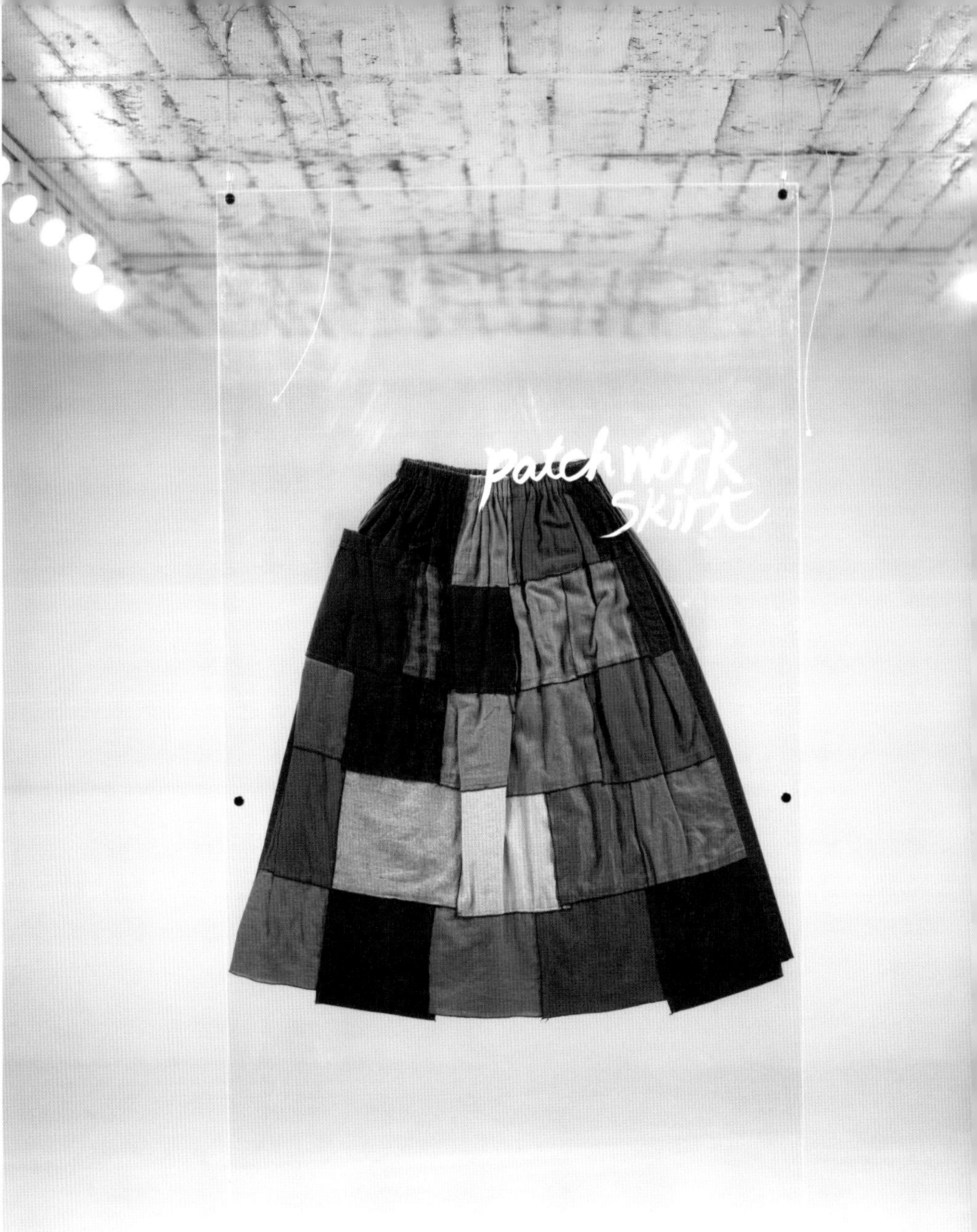

パッチワークスカート

毎回、染め上がる布は、一期一会の色。その布を1センチも無駄にしないよう、余った部分を取っておき、パネル状にして組み合わせてスカートに。布もフランス製、桐生製、ラオス製などさまざまで表情が豊か。どの部分を前にしても着られるつくりになっているので、その日の気分で着たいように楽しんで。

5sidesトップス

図形シリーズのひとつ。人の体が入って立体になると、平面で見ているときには想像できないラインが登場。五角形の下部の、左寄りの部分から体が出るつくりで、右にたっぷりとドレープが寄る。そのドレープのアレンジはお好みで。スタイリッシュなデザインだが、着心地は軽やかで、うちの息子たちも愛用。

タックフレアパンツ

ラオスの男性僧侶が着ていたパンツの丈感とボリューム感を参考にイメージを広げ、着想を得た形とは随分、違うデザインに発展。タックをいっぱい寄せることでスカートのようにも見え、お腹まわりはスッキリ。どちらかというと女性らしいシルエットで、ワンピースの下に着て、すそから出すのもいい。

リリーフラワースカート

これも図形シリーズのひとつ。子どもの頃、四角と三角を組み合わせてクマやウサギの形をつくった遊び心そのままに、長方形と三角形24枚を組み合わせてスカートに。立体になった途端、直線のシャープさは消え、たおやかなフレアが誕生する。さまざまな色の組み合わせのなかから、お気に入りをどうぞ。

タックスカート

伊勢神宮で男性の神職が身につけていた端正な装束を見て、発想が芽生えた。はかまの要素を入れたくて、巻きスカートではなく筒状にし、ウエストを好きなように締められるようにした。タックの幅を1.5センチの倍数でどんどん広げることで表情豊かなスカートに。３６０度、どこをセンターにしても着られる。

フレアスリーブ 2wayドレス

南仏で散歩をしているときに見た花の、花びらが重なったふわりとした感じを生かしたくて袖をデザイン。ゴムが入った袖口を二の腕のほうにたくしあげてもかわいい。首まわりのデザインを前と後で変え、丸首でもV字空きのひも結びでも、2通りに着られる。旅のときなど、1着で違った着方ができて便利。

カシュクールコート

12年前にリップルを始めた頃からつくり始め、ポケットの位置などをバージョンアップしつつ、いろいろな染め方で展開してきた。着物に合わせて着てくださる男性もいて、まさに、和洋や男女の区別ないデザイン。前をきちんと合わせて着ても、あるいは、ひもを結ばずラフにはおっても、かっこいい。

シンプルな線だけで大人っぽいツナギをつくりたくて、試作を繰り返してデザインが完成。ベルト通しなど余分なものは一切なし。すねまでロールアップしたり、片側の肩をはずしたり、着方は自由。素材や色で雰囲気が変わり、お花屋さんなどのワークウェアとして、またおしゃれ着としても活用されている。

ツナギ

トラディショナル フーデッドコート

パリの蚤の市でアフリカのビーズなどを売っていたモロッコ人のおじさんが着ていたコートに魅了された。売ってほしいと頼むと「長年着て汚いし、脱いだら寒いから」とはにかみながら断られ、その場で、ポケットに入っていたレシートの裏にコートのフォルムをスケッチ。帰国後、つくった思い出のデザイン。

ウィング トレンチコート

布を贅沢に使った、男女ともに着られる裏地つきのコート。後ろ身頃に羽のようなデザインをつけ、軽やかさを出している。写真は、桐生の織元と試行錯誤の末、先に染めた糸を使って勾玉模様に織ってもらった生地を使用。別の布でつくったり、裏地をインパクトのある色にしたり、今後いろいろと展開予定。

第2章 私たちのものづくりと暮らし

桐生という町で暮らし、服をつくる

K

私たちが生まれ、育ち、いまも暮らしている桐生は、織都《しょくと》１３００年の歴史をもつ町。とはいえ、私たちが子どもだった30年ほど前にはすでに伝統産業は衰微《すいび》し、「織物の町」としての往時の姿はありませんでした。それでも町を歩けば、時折、機織《はたお》りの音が響いていたり、反物《たんもの》を肩に担いで歩いている人の姿を見かけましたが、それはあまりに普通のことで、私も開人も、ほかの若者たち同様、とくに意識することはありませんでした。

私たちの服づくりは前にも書いたように、家族の暮らしのなかから生まれたものです。桐生で服をつくっているというと「産地ブランド」のように思われますが、もし、私たちがほかの町で生まれ、暮らしていても、その土地で服をつくっていたはず。

ただ、リップル洋品店を始め、さまざまな布を探し求めるようになると、日本全国や海外からも入手する一方で、地元桐生で糸一本から選び試作を繰り返してくれる織元さんや、卓越した技術で美しいジャガード織を提供してくれる織元さんにめぐり会うようになりました。表情豊かな美しい布を手にするたびに、改めて地元の底力を感じ、感謝して服をつくります。

上・6色に染めた糸１本１本が、桐生の織元さんの手によって、
美しい勾玉模様の布へと織り上がっていく。
下・布が生き物のような表情をもつ瞬間がある。その瞬間にぞくぞくしながら、気持ちを布に集中させていく。

上・7年前、5年前、半年前に染めた布片を、記憶をたどりながらつないで1枚の布をつくる。その作業は壮大な旅のよう。
左・誰かの暮らしに根を張り、力強くエネルギーを放つ植物のような1着をつくりたい。植物の絵を描きながらそう願う。

イメージのかけらを集めて

K

いつも服のことを考えています。

そして、新しいアイデアは常に湧き上がってきます。

散歩道に咲いていた花、町なかで見かけた壁のモザイク、旅先で出会った人の衣服、美術館で観た絵、骨董屋の奥で眠っていた服、海外の民族衣装……。

インターネット上の情報ではなく、国内外を問わず、実際に足を運び、さまざまなものを見て、触れて、感じて。そういうものを頭にいっぱいインストールしておくと、ふとアイデアが湧き上がってくるのです。ごはんを

食べているときも、お風呂に入っているときも、寝る前でも。

イメージが噴き出して、溺れそうになりながら、それを忘れないように手近にある紙、ティッシュの箱だったり、レシートの裏だったり、広告の紙の裏だったりに、形や線を走り書きします。

私の手元には、イメージのかけらが描かれた紙片がいっぱいあって、ときには書いたことすら忘れてしまうこともあります。でもそれはそれで、その程度のアイデアだったということ……。

数ある走り書きをもとにイメージをふくらませて服をつくっていきます。着想から1日でデザインが固まるものもあれば、アイデアが熟すのに1年、5年とかかることもあります。

上・散歩の途中で見つけた花。そのスケッチが私のなかを通り抜けていき、やがて服の形になっていく。
左・浮かんだデザインをまず紙でつくってみる。子どもの頃から紙の工作が大好きだった。好きなことの延長上にいまがある。

つくりたい形、求められる形

走り書きのイメージをもとに、デザインをおこします。紙で立体をつくってみたり、布で16分の1くらいのミニチュアをつくることも。そして、ボディに布を乗せ、切ったり、貼ったりし、完成形が見えてきたらパターン（型紙）を作成します。と同時に、そのデザインを生かす布選びも大事です。生地の張り感やドレープの出方などを見て、使う布を選ぶ。同じデザインを違う布でつくって、表情の違いを楽しむこともあります。また、逆に、「最初に布ありき」で、その布の特徴を生かすデザインを考えることもあるんです。「形×質感」の関係は、服づくりで本当に面白い部分です。

K

パターンができたらまずは試作。布を縫い合わせ、微調整を始めます。実際に着てみて、襟はもう2ミリ開けよう、このカーブはもう少し緩やかに……など、縫って、着て、解いてを繰り返し、デザインをブラッシュアップ。数日、着て過ごして、動いたり寝転がったり、洗濯したりもします。

この間、常に念頭にあるのは、年齢、性別、国籍、体型に関係なく、流行にも左右されずに長く着られるデザインかどうか。また、アトリエショップや個展ではいつもアンテナを張り、お客さまたちがどんな着心地、ラインを求めているかをキャッチしているので、そこも大事に。

自分たちがつくりたいデザインと、お客さまたちが求めるもの。その双方が混じり合い、融合し合う部分で、ずっと服づくりをしてきました。リップルらしさは、お客さまたちと一緒につくってきました。それはこれからも変わりません。

服の数だけ、世界に色彩を

リップルの服にとって、「色」は大事な表現のひとつ。同じ布で同じデザインでも、同じ色はないのがリップルの服です。人の個性を「その人の色」と表現することがありますが、いろいろな色の人がいるように、いろいろな色の服をつくりたい。

久美子がさまざまなものを見て、触れて、感じて服のデザインのイメージをふくらますように、僕も風景や絵画、建築物などから、自分のなかの色の世界を広げています。

僕にとって「色」とは自由。真っ白な織りたての布を自分の好きな色に染めていけるのは、無限の自由です。誰かの1着になる服に全神経を集中して、色をつくり、染めていきます。

ほしい色を出すために調合したり、1度、染めた布にまた違う色を2度、3度と染め重ねたり。表現によって、藍染め、柿渋染め、木版染色、ろうけつ染め、反応染色などの技法も使いますが、誤解を恐れずにいえば、僕が追求しているのは「技」ではなく「色」。絞り染めならば、流れる色、とどまる色、混じり合う色を追い求めていく。二度と出合えない、そのときだけの色を生み、服の数だけ、世界に色彩を放っていきたいと思っています。

H

上・藍は神秘。藍甕で色が生まれ出るたびに、その中に宇宙を見るような、吸い込まれていくような気持ちになる。
下・独学で始めた色づくり。暑い日も寒い日も色と向き合ってきた経験は、人生の色そのものになってきている。

縫い手にも愛される服づくり

縫って、着て、解いて、調整。縫って、着て、解いて、調整。そんな試作を重ねたのち、実際の服づくりが始まります。

多くは、服を縫ってから染めますが、第１章で紹介したオールドタウンドレスのように何色も組み合わせるデザインの場合は、染めた布を使います。

裁断は、できるだけ布を無駄にしないように、パターンをパズルのように組み合わせて、裁断士がカットしてくれます。それでも出る余白の部分も大事にとっておき、パッチワークの服に生かしたり。染めた布のその色は、二度と出合えないものなので、１センチだって無駄にしません。

私は一日じゅうミシンに向かっていたいくらい縫うのが大好きですが、さすがに月に５００着の服はひとりで縫えないので、縫い子さん４人に協力してもらっています。この縫い子さんたちも「織物の町」を支えてきたベテランぞろい。美しさ、丈夫さ、縫いやすさなどのアイデアもいろいろ出してくれる頼れる存在です。

そんな縫い子さんひとりひとりに1着の服を最初から仕上げまでお願いしています。分業や流れ作業のほうが効率的ですが、そうしないのは、お母さんが子どもの衣服を縫うような服づくりをしたいから。つくり手に愛された服かどうかは、仕上がりに表れると思うから、着る人のことを思いながら1着を縫い上げてほしいのです。

走り書きされたイメージのかけらが、形、色、質感を得て服になっていく。そして、お客さまとの出合いを待ちます。

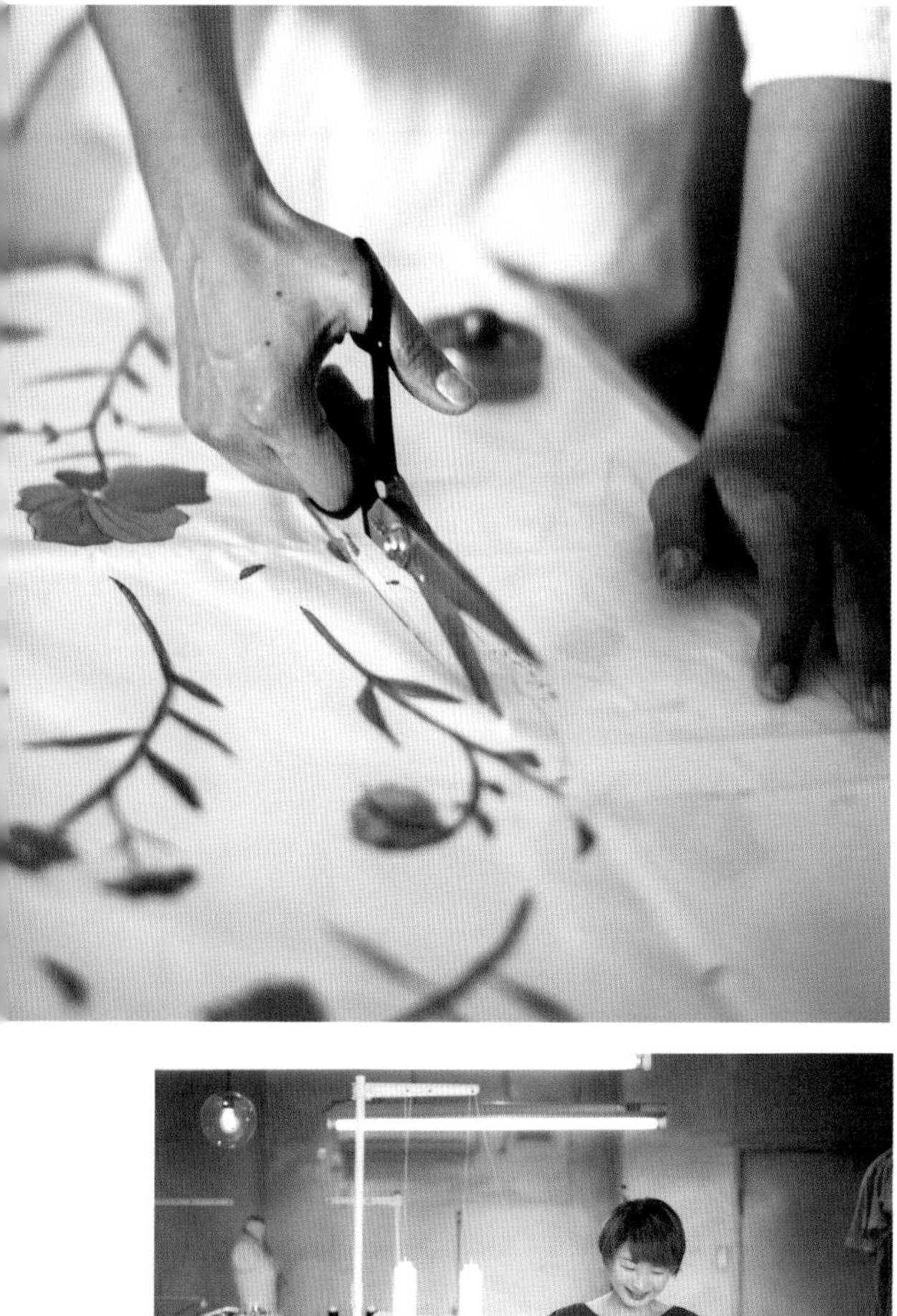

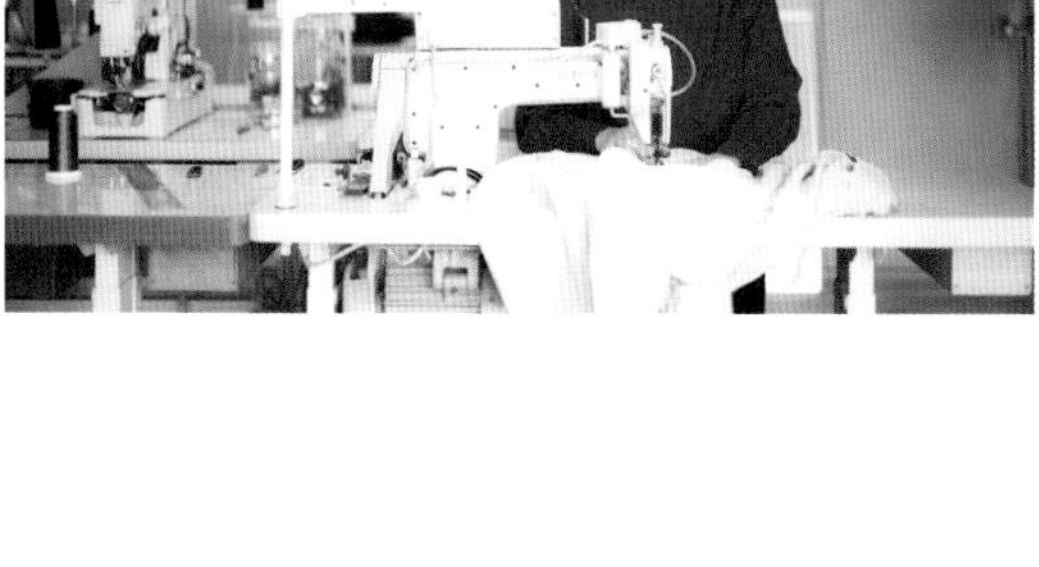

暮らしがものを生み、ものが暮らしを潤す

K

自宅に仕事場があり、私も開人もほとんど家にいるので「気持ちよく過ごせる」ことをすごく大事にしています。ホテルや美術館やギャラリーなど、好きな空間はいっぱいありますが、息子3人も含め、家がいちばん気持ちいい場所だといいなと思っているんです。

とにかく仕事に関するものがいっぱいあるので、プライベートではあまりものをもたないようにしていて、家族5人全員、バックパックひとつで移住できるくらいの感じです。

だから、家具でも道具でも、なにかひとつものを増やすとなると、いちいちすごくこだわって、家族で大げさなくらいに「本当に必要か」「10年先でも使うものか」など、まずはディスカッション。その上で必要となれば、このデザイナーのこのフォルムがいい、それならヴィンテージのこっちのほうがいい、いやいや自分たちでつくったほうがいいと、みながそれぞれ調べものをしたりして意見交換をし、話し合う。またそれが面白いんです。

とにかく、すぐには買わず、つくれるものはなるべくつくろうと考えます。

「つくる」か「買う」かの指標は、自分たちで「つくれる」か「つくれない」か。

リップル洋品店を始める前、開人は電気・水道・ガスなどのインフラ工事関連の仕事をしたり、内装やインテリアデザインもしていたので、大がかりなものでも結構、つくれます。でも、あるデザイナーがつくり出す美しい椅子のフォルムや、ある陶芸家が生み出す独特の食器の味わいは、その人ならではのもので、とてもつくるのは無理。それが私たちの暮らしに欠かせないとなれば、つくり手にリスペクトをもって購入し、大事に使います。

いろいろこまめに手づくりする開人ですが、本人曰《いわ》く「面倒くさがり屋」。でも、買ってきたものだと「この丸みが」とか「このラインが」とどうも細部が気になるようで、結局は「下手でも自分でつくったほうが納得いく」ということらしい。それになんといっても、「楽しさ」が「面倒」を上まわっているのだと思います。

子どもたちと一緒になってわいわいと作業しながら、ものの構造や成り立ちがわかったり、家族の思い出が生まれたり、できあがるまでのプロセスはかけがえのないもの。

リップルの服が、着る人の思い出や記憶を吸い込んで、単なる「服」以上の存在になってくれたらと思っているように、私たちが暮らしで使うものも、単なる「物質」ではなく、家族のあれこれが蓄積し、これからも吸い込んでいく存在であってほしいと思っています。

いま住んでいる家は、50年くらい前の建物なのですが、コロナ禍のステイホームのときには、家族で壁や床にペンキを塗ったり、ちょっと手直しをしたり。ずっと家にいても、飽きることなく過ごせる。そんな暮らしを、私たちは愛しています。

小屋やテラスも DIYで

桐生の町が一望できるこの家に6年前、引越し、ガレージを改装した小さな空間でアトリエショップを開いていました。ところがコロナ禍で、そのスペースでは密が避けられないため、もう少し広い、風通しのいい小屋をつくることにしました。

昨年、京都の妙心寺《みょうしんじ》で禅に触れる機会を得たこともあって、「削《そ》ぎ落とされた美」の小屋にしたいと考えて。全体は黒一色にし、余計なものは一切つけず、格子《こうし》窓を設けました。この格子窓によって風がよく通るだけでなく、季節によって、時刻によって、差し込む太陽の光が変化する。そして、黒一色の小屋から外に出ると、周囲の緑がさえざ

上・開人がつくり始めたアトリエショップ。週末は子どもたちも手伝って、道具の使い方もどんどん上達した。
右・4メートルある木を200本、地元の材木屋さんから取り寄せて。少しずつ、少しずつテラスの形ができあがる。

えと目に入る。そんな自然との調和をお客さまたちに味わってもらえたらと思っています。

暖簾《のれん》に使ったのは、ラオスの少数民族の村を訪ねたときに譲り受けた手紬《つむ》ぎ、手織りの麻布。素材の表情と色が雰囲気を添えてくれています。

テラスは、子どもたちも大きくなってきて、リビングが狭く感じるようになったので、アウトサイドリビングがあったらいいね、という話になり、家の前の庭につくりました。

僕と息子の男4人で数日がかりで完成。ここで炭火焼きをしたり、お茶をしたり、野外の食事は日常のなかで小旅行気分を味わえます。久美子は、朝日を浴びながら、ここで瞑想をしたり、みんなそれぞれ寝転んで雲の流れを眺めたり。

最近の家族のお気に入りは、夜、テラスの横の漆喰壁《しっくいかべ》をスクリーンにして、野外シネマを楽しむこと。これがまた、最高の時間なんです。

菜園はひらめきも生まれる場所

食材は、できるかぎり、きちんとした思いをもってつくっている生産者の方から買いたいと思っていて、信頼できる店に行ったり、インターネットでお取り寄せをしたりしています。

野菜は、結婚した当初からずっと自宅の庭でつくってきました。子どもも3人が小さかった頃は買い物に行くのも大変だったし、子どもたちが大きくなってからも、わざわざ買いに行かなくても、一歩、庭に出れば野菜があるのはすごく便利。ご近所さんでも野菜をつくっている人が結構いて、おすそ分けも多いんです。

いま育てているのは、ラディッシュ、ブロッコリー、キャベツ、なす、ビーツ、パクチー、セロリ、ピーマン、パプリカ、枝豆、ズッキーニ、バジル、しそ。変わったところでは、スイスチャードという、茎がカラフルなレタスみたいな野菜とか。子どもがお菓子づくりで使うので、エディブルフラワーも栽培し始めました。

K

服のイメージをふくらませたり、アイデアを練ったり、考え事をしているときに、庭仕事はぴったり。水をまいたり、枯れた葉をつんだりしながら、頭のなかでは服のことをあれこれ、あれこれ考える。そして、ピンときたりする。

菜園は、フレッシュな野菜だけでなく、服の新鮮なひらめきも生んでくれる場所なのです。

おいしく食べて、とにかく話す

K

子どもたちの成長とともに、暮らしのリズムも変化してきました。

いま、長男の響《ひびき》は、コーヒーの焙煎や服のデザインの仕事をしています。次男の水葵《みずき》、三男の葉月《はづき》は昨年、海外留学しましたが、コロナ禍で緊急帰国し、オンラインで授業を受講中。私たちは相変わらずで、開人は染色を始めると工房にこもり、私は徹夜でミシンを踏むこともあります。

みんなスケジュールがバラバラで、それぞれの生活リズムで暮らすシェアハウスという感じになっています。

朝食は私がまとめてつくっておいて、それぞれ

ピザはわが家の定番人気メニュー。野外のテラスで食べるといつもの料理もおいしさ倍増。話も止まらない。

が食べたいときに食べるビュッフェスタイルがほとんど。庭仕事と同様、料理は私にとって考え事をするのに最適な時間なんです。

家族それぞれが勝手に食べて、人気のおかずがなくなってしまったりすると、各自食べたいものをつくったりしています。開人はもともと料理上手ですし、最近は子どもたちも料理をします。

そんなシェアハウス状態ですが、昼でも夜でもみんなのスケジュールが合うときや、週末は「何時に集合」と声をかけておいて、テラスやリビングに集まって食事をします。

私は結婚する前に、イタリア料理のレストランで2年くらい働いていたことがあって、結構、料理は手早いんです。だいたい思いつきでつくるので、ある材料を使って、イタリアンだったり、和食だったり、中華だったり、エスニックだったり。切ってオーブンで焼くだけの料理とか、煮込むだけの料理なども多いです。でも、いつもみんなにワクワクしてもらいたいので、心が浮き立つような盛りつけなどにはちょっとこだわっています。

あとはテラスでの食事も人気。野外で食べると、それだけで日常をポンっと離れられる。こんな小さなイベントも、暮らしのアクセントとして大切にしています。鉄板焼きとかのワイルド感も、また盛り上がります。

とにかくみんな、おいしいものが大好きで、本当によく食べ、よくしゃべります。話す内容はそのときどきで、ひとつのものを「買うか、つくるか」を真剣に語り合うこともあれば、昨日、見た夢の話だったり、相対性理論に関してそれぞれが持論を展開することもあれば、もちろん服や店のこと、将来のことだったりも。

子どもにするべきではない話、などというものはないと思っているので、なんでも話します。みんなそれぞれ考え方が違う、ということがわかっているから、とことん話す。それは食事が終わってから夜中まで続くこともあったり、家族全員ではなくふたりだったり、3人だったりもしますが、うちの家族の暮らし、そして、暮らしから生まれるリップルの服は、そんな会話がベースになっています。

こんな日々ですが、私が忙しいときは「これから1週間、製作に没頭するので、すみません、お母さん、何もできません」と先に謝って、家族に家事を任せることもあるんです。みんなが家のことを手分けをしてやってくれて。料理上手、家事上手の家族に感謝、です。

上右・みんな大好きなおむすびビュッフェ。庭で育った夏野菜も添えて。
上左・子どもたちからグラタンのリクエストが入ると「冬だなぁ」と思う。
下右・レアチーズケーキは開人の十八番。いつ食べても何度食べても感激。
下左・これは私の焼き菓子。形づくりが楽しいのは服もお菓子も同じ。

自分たちでつくると、体も心もうれしい

つくれるものはできるだけ手づくりしていますが、エシカルとか、サステナブルとか、頭でコンセプチュアルに考えて、行動しているわけではありません。肌心地のいいもの、刺激の少ないもの、安全なものを使いたい。そして、何より「つくるのは楽しい」「つくれるものは、直すこともできて長く使えてうれしい」から、やっていることなんです。

例えば、洗剤。これは染色作業の副産物です。近くにある薪窯で焼いているパン屋さんからもらってきた灰で、藍染めに使う「アク」をつくるのですが、アルカリ性で洗浄力があるので洗剤にもなる。天然なので肌にもやさしく、安心して使えます。

古い椅子は、座面をリップルの服の布で張り替え、脚を塗り替えてよみがえりました。今後も直し続け、我が家で歴史を刻んでいくはず。新しいものよりもっといい、手づくりです。

そして、今年わが家にやってきた犬のための小屋は、まさに「つくる楽しさ」の代表格。自分の思うままの形にできるのも、手づくりだからこそ。アトリエショップの小屋（9ページ）のミニチュア版にしたのですが、気づいていただけたでしょうか。

上・汚れはどうして落ちる？　洗剤を自分たちでつくるといろいろわかる。
中・古くなったミシンの椅子の座面を張り替え、脚も塗り直してリメイク。
下・犬の名はテクノ。犬小屋の次は、首輪もリードも手づくりの予定。

息子がお菓子づくりにはまった理由

そもそもの始まりは3年前。コンビニで買ったケーキの原材料にいろいろ書かれているカタカナ表記を見て、水葵が「これなに？」と聞いてきたんです。「なんだかわからないね」「わからないものを食べるのって、どうなんだろう」と。その前から「市販のものは甘すぎる」ともいっていて、彼のお菓子づくりが始まりました。まさに、突然。

ＹｏｕＴｕｂｅで調べ、最初につくったのがチョコレートケーキのフォンダンショコラ。切り分けると、中からチョコレートがとろけ出て、抜群の完成度でした。これで面白くなり、またつくると、中のチョコレートが固まってとろけ出ないこともある。オーブンとの相性、温度の調整、材料選び。まるで理科の実験のように楽しくなったみたいです。

あんこを煮て、ようかんや大福をつくったり、マカロンづくりにはまったり、水葵につられて葉月もお菓子づくりに参加するようになり、いつしか料理もつくっています。

僕らは「体験した感覚でしか、表現の幅は出ない」と考えて、美術館やギャラリー、そして一流のホテルやレストラン、ティールームにみんなで足を運びます。そういう体験が、家族それぞれのなかに蓄積していけばいいなと。子どもたちのお菓子のデコレーションや、料理の盛りつけなどに、その体験の片鱗が見えるとき、ちょっとうれしくなります。

上・水葵の最高傑作お菓子は、見た目も味も日々、更新中。
下・新食材にも常に挑戦し、生地には豆科の植物「キャロブ」を使用。

第3章

リップル洋品店　始まりのお話

つくることの始まり　私の場合

K

　私の両親は、桐生で小さな食堂を営んでいました。祖父母や叔母も一緒に働く家族経営で、毎日、朝から晩までお客さんでいっぱい。私は保育園に入る前から、親が仕事の間は、この店で過ごしていました。働く家族やお客さんの邪魔にならないように、店の小上がりの隅っこで、ひとりで黙々と遊ぶのが好きで。よくやっていたのが紙の着せ替え人形遊びです。新聞の折り込み広告でワンピースの形をつくって、そこに絵を描いたり。祖母と一緒に摘んできた花でつくった押し花を、紙のワンピースにのりで貼って柄にしたり。

　小学校に入ると、近くの手芸屋さんで布を買ってきて、ぬいぐるみをつくったり、お人形さんの服を縫っていました。当時から服に興味があり、描いたり、縫うことが好きだったんです。指に水をつけ、庭先のコンクリートに絵を描いて、すぐに消えていってしまうのをじっと眺めていたりも。どんなひとり遊びも、飽きることはありませんでした。

　空想もよくしていました。紙に呪文や暗号を書き、見知らぬ無人島の地図や、道具や仲間の絵も何枚も描いて、テープで束ね、名づけて「冒険の書」。紙芝居もよくつくって、ひとり5役くらい演じていました。こんな遊びを小学校高学年になるくらいまでしていましたが、当時は自宅の子ども部屋の押し入れが、自分だけの秘密基地。狭いスペースに居ながらにして、無限に広がる空想の世界に浸る楽しさ、面白さ。その頃の将来の夢は、「冒険家」だったことを、最近、思い出しました。

高校は進学校に入り、ほとんどの人が大学に行くなか、私は進学しませんでした。絵を描くことが大好きで、美大に行くことも考えましたが、きちんとした将来に向けてのビジョンがないのに、ただ絵が好きというだけで「なんとなく美大」というのは違う気がして。いまなら、大学生活で得られるものは「学び」だけでなく、人とのつながりだったり、ほかにもいろいろあることがわかりますが、当時はそんなふうに考えられなかったのです。

私らしく生きたい。自分らしく働きたい。そんなことばかり考えていました。

イタリア料理店、割烹料理屋、居酒屋などでアルバイトをしたり、冬はスキー場の山小屋で働いて、毎日、スノーボードをしたり。それでバイト代が貯まると、ちょっと海があるところに行きたいなと、宮古島でしばらく暮らしてみたり。外に向かう好奇心をエネルギーに、仕事や場所を変えながら、自分の生き方探しをしていたのです。

そして、20歳のとき、地元の桐生で、音楽好きの共通の友人から開人を紹介されました。

そこから、自分ひとりでどうにかしていく人生ではなくなり、ふたりで切り開いていく人生へと変わりました。私にとっては、とてもいいタイミングでの出会いでした。

つくることの始まり　僕の場合

僕の父親は、ブランドの服のワッペンを刺しゅうする会社に勤めていました。子どもの頃からファッションが身近にあり、洋服にも興味があって、ハイブランドのサンプルのジャンパーなどを着ていました。

僕らが子どもの頃にはすでに、桐生はかつてのような織物の町ではなくなっていましたが、刺しゅうの技を生かした父の会社は、桐生ならではの産業だったと思います。でも、ほかの町を知らない僕は、そのことを意識することはありませんでした。

いま思い返すと、学校の帰り道の川では、友禅流しもしていました。染めた布についた余分な染料を川で洗い流す作業で、当時の桐生ではよく見られた風景。のちに自分が染色をするようになるなど知るはずもない僕は、ああ、またやっているな、くらいにしか思っていませんでした。

興味があったのは音楽です。ロックを聴いたり、ギターを演奏したり、音楽が大好きで、その頃音楽とファッションというのはカルチャーが結びついていたこともあって、どちらも僕にとっては不可欠なものでした。おしゃれをして、楽器を演奏し、コンサートにも出かけて……。流行の最先端を生きている、という充実感がありました。

高校卒業後は、フリーターでいろいろな仕事をしましたが、やりがいを見つけ出すことはむずかしかった。学歴社会において、高卒がつける仕事となると「僕でなくてもいい」と感じるものが多くて。自分らしくありたい、自分らしく働きたいという気持ちと、どう折り合いをつければいいのか悩んでいました。ずっとモヤモヤしながら、平日、働くことは働いて、土日に好きなことをしたり、コンサートに出かける、という暮らしをしていたんです。

そんな頃に久美子と出会い、結婚。22歳で地元の農協に就職して定職につきました。ガス関係の仕事だったので、勧められてガス工事の資格も取得。その資格を生かして、地元の小さな工務店に転職し、そこで電気と水道の資格も取りました。そして、インフラ関係の工事を始め、現場監督やインテリアデザインもしていたんです。

そんな経験がいまも生かされているので、人生、無駄なことはないと思いますが、当時はモヤモヤし続けていました。仕事で自分なりに工夫をしたいと思うと、会社からはいままで通りでいい、余計なことはしなくてもいい、と現状維持を求められ、やり場のない思いを抱えて。だから、平日はとりあえず働いて、週末に家族で好きなことをしよう、と割り切ろうとしていました。

家で手づくりをする。そこには自分なりに工夫できる自由があったからです。

つくり、直し、使い続けられるものを

K

高校卒業後、行きたい場所に行き、暮らしたい場所で暮らし、私の好奇心は外に向かっていました。でも、結婚をし、すぐ子どももできて、外出せずに家で過ごす時間が多くなり、子どもの頃の、手を動かす楽しさに戻っていきました。

赤ちゃんのよだれかけ、ロンパース、クリスマスのサンタさんの服、動物の耳をつけた着ぐるみのような服……。手づくりが、どんどん面白くなっていって。

なんでも器用な開人と、ピザやパンを焼いたり、木で家具をつくったり。庭で野菜づくりも始め、古い家を借りていたのでトイレのタイルを全部貼り直したりもしました。

自分たちが使うものは、流行や宣伝によって選ばされるのではなく、自分たちの視点で選んでいきたい。そんなふうに夫婦で話して、響のままごと道具も、開人が木でつくりました。

別に、市販のプラスチック製のおもちゃを否定しているわけではないのですが、プラスチック製だと壊れたときに直せない。でも、木製ならば自分たちで直しながら使える。自分たちの手に負える材料でつくれば使い続けられて、楽しいし、心地いい。

それは服に関しても同じです。

ポリエステルやナイロンは、裂けてしまったら自分でうまく直すことができませんが、天然素材の綿や麻ならつくろうことができ、そして、着心地もいい。直しながら、つくろいながら使い続けるというのは、昔の人たちが日常的にやっていたこと。私たちも普通にそうできたらいいと思ってきました。刺し子などをして大事に着て、使う文化に倣《なら》いたい。

自分たちの手に負える材料でつくったものは、最終的にはバラバラにして燃やすこともでき、最後まで責任も取れます。私たちはそういうことを常に話し合ってきました。

自分たちのつくったもので暮らし、その暮らしがまた、ものをつくり出す。そんな心地よい循環。リップルの服も、そのひとつなのです。

開人が響のためにつくったおもちゃの台所は兄弟に受け継がれ、写真の水葵も、さらに葉月もとにかくよく遊んだ。

色づくりが開いてくれた扉

K

あの日、「可能性の扉が開いた」と思いました。

それは感動的なできごとだったのですが、まずは少しさかのぼって話をします。

結婚以来、子どもの服だけでなく、私自身が着る服も縫っていました。妊婦になったときに着たい服がなくて、それなら自分でつくろうと思ったのです。

でも、布を買いに行っても、私がほしい色の布がなかなかなくて、そのことをずっと開人に話していました。もう少しこんな色だったら、あんな色だったらいいのに、と。それを彼なりに真剣に考えてくれて、ある日「じゃあ、染めてみよう」ということになったのです。

開人は近くの手芸屋さんで染料を買ってきて、使わなくなったベビーバスでいきなり着古したTシャツを染め始めました。そして、染め上がりを見たとき、ふたりで「これってすごい、自分たちで無限に色をつくり出せるね」と感動して。可能性の扉がパーッと開いたように感じたんです。いまでも覚えていますが、リップル洋品店として服を販売するようになる3年前のこと。次男の水葵が生後6ヶ月くらいのときです。

開人は図書館に行き、染色についての研究を始めました。その頃はまだ、いまほどインターネットの情報もありませんでしたから。そして、染料を取り寄せたりもして、仕事から帰ってくると、まずは染めものを始めます。

いろいろな色ができるのが面白くて、面白くて、毎日毎晩、ふたりで夢中になりました。新聞配達のバイクの音を聞いて、もうすぐ朝が来ることを知り、あわててベッドに駆け込んだことも何度もあります。手で染める色のゆらぎに、その先に広がっていく色の世界に、ふたりして魅せられていったのです。

そして、私は、着たい服の形をつくるために、既製の服を分解して、型紙をとって、修正して、縫い直す、というようなことも繰り返しました。考えてみると、あの頃から、開人は色を、私は形を、それぞれが追求し始めたのです。

当時の私は、妊娠や出産で体型の変化が激しい時期でもあったので、「どんな体型でも着られる」「流行に関係なく、長く着られる」服をつくろうと思いました。いまのリップルのデザインの基本です。

これを着て、子どもたちと遊んだな。家族であの場所に行ったな。

そんな思い出の詰まった服が、ほつれたり、破けたら、つくろって。胸元に刺しゅうがほしかったら、刺しゅうもしたりして。どんどん自分だけの大切な1着が増えていきました。

そして、そこからまた、可能性の扉が開いていくことになったのです。

はじめて売れた服

K

少しくすんだような水色。胸元にはちょっとした刺しゅう。

ある平日の昼、そんなワンピースを着て、子どもを連れて、地元のカフェに食事に行きました。雑貨や食品も売っているお店で、確か、そこに行くのは2回目。

「その服、すごく好き。どこのブランド?」。お店の人に声をかけられました。

「手づくりなんです。主人が布を染めてくれて、私が縫って」と答えると、「販売したい」とその場でいわれました。

家ではじめて染色をした日から3年が経ち、開人の色も、私の形も、自分たちの好みに寄り添うものになっていましたが、それでも「販売する」などとは頭になかったこと。びっくりして、当時はまだ会社勤めをしていた開人にすぐに電話をしました。

彼の反応は「なにそれ」という感じ。あまりに意外な話で、ピンと来ていない様子でした。それでもふたりで話し合って「きっと売れないだろうけれど、これを機にお店の人と仲良くなれたら楽しいから、やってみよう」ということになりました。

もちろん売るための服などないので、あわてて2週間ほどでつくりました。柄染めのTシャツ2、3枚だったと思います。そして、納品したところ、2時間後くらいに「1着売れましたよ」と電話がかかってきて、それでまたびっくりして。

すると今度は、以前から好きで子どもたちも連れて行っていた隣町のカフェのオーナーから、「オーガニックの野菜や、手づくりパン、おそうざいを売る店が集まる、月に1度開催のマルシェに参加しないか」と誘われたんです。「服の店は1軒もないから、服は売れないかもしれないけれど、すごくいい生産者さんや作家さんたちが来て、ふたりに合うと思うよ」と。価値観の似た人たちが集まるなんて楽しそうだからと、ワンピースを5、6着つくって参加しました。全部違う色、違う形で、その頃からすでに1点ものでした。

マルシェでの販売には何が必要かもよくわからず、ハンガーももって行かず、貸してもらった会議用のテーブルにとりあえずワンピースをならべて。売れるとは思っていなかったので、釣り銭の用意もしていませんでした。ただ、出店には屋号の登録が必要だったので、開人が「リップル（波紋）」と命名しました。葉からしずくが落ち、水面に波紋が広がっていくように、私たちがつくり出す1着が、どこまでも伝わっていったら、という希望を込めた名前です。販売するには値段も必要なので、最初に声をかけてくれたカフェのオーナーさんが提案してくれた価格を参考に、それより少し安くしました。自信がなかったんです。

でも、販売するとなれば、「趣味です」などという言い訳は通用しないと思って、制作にあたっては着心地のよさや、色落ちしない、破れないなど、きめ細かく神経を遣いました。

そして、ちょっとドキドキしながら店に立っていると、5、6着もっていったうちの3着が売れたんです。お釣りがないので、お客さまにほかのお店でお買い物をするなどして、お金をくずしてきてもらったりして。心のなかはすごくあわてているのに、ふたりとも平然と慣れたようにふるまって、淡々とあと片づけもして、帰りの車の中で大喜びしました。

なんといってもうれしかったのが、服を買ってくださった3人が、それぞれ「ベストがあったらほしい」とか「ズボンがあったら買いたい」と、要望を聞かせてくれたこと。来月までにつくろうと意欲が湧きました。あの頃から、お客さまの声が私たちの宝物でした。でも、どういう形のものがほしいといわれたわけでもなく、そもそも自分たちらしいベストやズボンの形ってどんなものだろう、と考えることから始まりました。図書館に行って、衣服の起源までさかのぼり、エジプトや古代ローマから現代にいたるまでの服の形や色の変遷をたどったり、民族衣装を調べたり。そして、縫って、着て、解いて、調整。縫って、着て、解いて、調整。

やっていることはいまと変わりませんが、当時はまだ経験もなく、服全体のイメージがまったくつかめていなかったので、時間がかかりました。

それでも必死にズボンやベストをつくり、初回に売れた分のワンピースの補充分や、バッグ、帽子などの小物もつくって、翌月、参加。あの3人の方が「すごくよかったから」とま

マルシェの出店が私たちの原点。手仕事の作家さんや生産者さんたちにたくさんめぐり会えたのが私たちの財産。

た来て買ってくださって、それがすごく自信になり、前回以上によく売れました。

さらには、そのマルシェに参加している人たちから「僕が主催しているマルシェにも出店しない？」「うちの地元のマルシェにも来ない？」と次々と声をかけられて。毎週末、どこかのマルシェに店を出すようになっていったのです。

出店する場所が多くなり、お客さんも増え、どんどん売れるようになり、服をたくさんつくらなければ追いつかない。平日、会社で働いていた開人は、本当に大変だったと思います。

でも、釣り銭もハンガーも用意していかなかった、あのマルシェ初出店の日に、私たちは夢をもってしまったんです。

いまは、これでは食べてはいけないけれど、仕事にしていけたらいいねと。だから寝る間を惜しんで、服づくりに邁進しました。

つくることで生きていく

はじめてマルシェに出店したとき、参加者を見て、こういう生き方をしている人たちがいるのかと刺激を受けました。自分らしいものづくりや表現をし、自分らしく生きる。それまで、どこか会社に所属をして働く、という発想しかなかった僕にはとても新鮮に思え、僕らもそちらの世界に行きたいと思いました。ただ、その頃の僕はまだ、会社勤めをしつつ、副業としてできたら、という思いでした。それが身の丈に合っていると思い、服づくりだけで生きていくことは、イメージできなかったのです。

常に意欲的な久美子は、最初にワンピースが売れた日に、「これから売るための服をつくっていくのならば、縫製は独学ではダメだ」と、先を見すえて考え始めていました。そして、ご近所の縫製のプロを紹介してもらったんです。

その方は、地元の大きな縫製工場で40年ほど働き、大手ブランドの服を縫うなど、桐生の縫製全盛期を支えてきた縫い子さんです。時代の流れで縫製の仕事が中国などに移り、工場がなくなり、僕たちと出会った頃は、家でたまに知人から頼まれた仕事をしていました。

久美子はつくりたい服をもってはその人のうちに毎日通って、丈夫で、正確で、縫いやすく、着心地のいい縫製の仕方を教えてもらっていました。プロとして恥ずかしくない仕事をしたい、と真剣でした。

そして、服がどんどん売れ始め、小さな子ども3人を育てながらの制作が追いつかなくなったとき、その方が見るにみかねて「私も縫うわよ」といってくださって。さらに縫製仲間にも声をかけてくれて、いまの縫い子さんたちがそろっていったのです。

その間に久美子は、縫製会社での修業も試みようとしていました。

縫製会社の求人チラシを見て、すぐに電話をすると社長さんから、縫製の経験を聞かれ、「経験はありません」と答えると「即戦力がほしいから」と断られたそうです。

それでも久美子は食い下がり、「服をつくっているから勉強をしたい」と伝えると、「一度、つくっている服をもっていらっしゃい」といってくれて、服を2、3着持参してその会社を訪ねたのです。

久美子の服を見た社長さんは、「デザインに独創的な世界観があるから、このまま続ければいい」「縫製作業を知らないデザイナーはいっぱいいるから、デザインに専念すればいい」、そして「もし、あなたがこれをやらずうちで勤めるというなら、このブランドは絶対に売れるから僕にやらせてくれ」とまでいってくださったそうです。

それで久美子は、デザインに関しては少し自信を得て、縫製に関しては、その会社での修業をあきらめ、縫い子さんにじっくり仕込んでもらうことにしました。

縫製作業を知らないデザイナーは確かに多いかもしれません。でも、「お母さんが家族のためにつくるような服」を販売していこうと考えていた僕らには、「デザインだけして縫製はしない」という発想はなかったのです。

また、デザインを先行させて、縫い子さんたちに縫いづらい形や線を強《し》いる、ということがあるとも聞きますが、それも僕らが目指す方向とは違います。デザインを生かしつつ、縫いやすくするにはどうしたらいいか。縫い子さんたちと一緒に久美子が作業をしながら、知恵を絞る。そうすることではじめて、「つくる人にも、着る人にも愛される服」が実現できると信じてきました。

僕の染色はもっぱら独学でしたが、試行錯誤や工夫を重ね、かつ経験を積むことで、最初は1度に1着しか染められなかったのが、5着、10着と染められるようになっていきました。自分の思う色も生み出していけるようになっていき、色が生まれるたびに、久美子と感動して。家の中の染色スペースも充実させ、誰かに手伝ってもらうこともなく、平日、会社から帰ってくると、工房にこもって作業をしました。

そして、毎週末に、新潟、静岡、長野など、各地のマルシェに参加。最初のマルシェ出店のとき、響はまだ小さくて、水葵は歩き始めた頃で、葉月は生まれたばかりでしたが、いつも家族5人で行動しました。

車を改造してキャンピングカーのように中で寝られるようにし、キャンプをしたり、ちょっとした家族旅行です。現地に着き、マルシェの出店準備を終えると、店は久美子に任せて、僕は子ども3人を連れて、公園や山や川に遊びに行く。仕事を兼ねて子どもたちと過ごす時間をたっぷりとれることが、本当にしあわせでした。

僕は建築関係の仕事をしていて、それまでに新築で家を建てる人を多く見てきました。新居を得た人たちが冗談半分に「これで私もローンを払うために一生、働かなければ」といい、夫婦で遅くまで働いて、子どもは延長保育に出したりするのを見てきて、なんのための家なのか、家族で楽しく暮らすための家ではないのか、とずっと疑問を抱いていたんです。

長男の響が生まれたとき、僕は仕事に行かずにずっと一緒にいたい、いつも響を見ていたいと心の底から思いました。家族とともに過ごすかけがえのない時間をもっともっと大事にしたい。家族とともに「どう生きるか」「どう暮らすか」と「どう働くか」がイコールであってほしい。

家族とずっといられるように働きたい、という思いが募っていきました。

そして、つくる服の量の増加に合わせて、会社のほうは正社員からパートにしてもらい、徐々に仕事の軸を服の制作のほうへと移行していきました。

さらに「リップル」と名乗ってから3年後の2012年、会社を退職し、夫婦で「つくることで生きていく」ことに決めたのです。

月に1度、7日間の店の始まり

毎週末、全国各地のマルシェに参加し、それ以外にもギャラリーで個展をしたり、百貨店などで販売会をする。そんなスタイルを続けていました。が、お客さまたちから「次に買いたいときは、どこに行けば買えるの」とたびたび聞かれるようになり、どこか拠点が必要だと考えるようになりました。

平日には制作がありますが、夫婦で話し合い、週に1日なら「アトリエショップ」という形で、家の一画で店が開けるのでは、ということになり、それなら何曜日にしようかと考えたとき、まず子どもの学校の年間行事表をチェックしました。まだ子どもたちが小さかったので、遠足やＰＴＡなどの親が参加する行事がいろいろあり、その日に開店日が重なってしまうと都合が悪いからです。店を開くからには休まないと決めていましたし、子どもの行事も絶対におろそかにしたくない。年間行事表とにらめっこをすると、火曜日は行事がほとんどないことがわかり、２０１３年から、毎週火曜に店を開くことにしました。

週に1度、アトリエショップを開き、週末は従来通りマルシェや個展に参加する、というペースを続けること約2年。私たちは、依頼があるとひとつも断らずに出店してきたので、いま思うと「若かったからできた」と思うほどの忙しさ。染色したての服を車の中にぶら下げて、乾かしながら移動をしたり、徹夜をすることもしょっちゅうでした。

そのうち、子どもたちもだんだんと大きくなり、運ぶ服の量も増えて、5人で車で移動することがむずかしくなったので、徐々にマルシェの出店は減らしていき、アトリエショップを活動の中心にすえるようになりました。

ところが今度は、「私は毎週水曜日が休みだから、火曜のみの開店だと一生行けない」「週末でなければ足を運べない」という声が多くなり、検討が必要となりました。そこで2015年、すべての曜日が含まれる毎月1日から7日にしようということになったのです。子どもたちの成長で親参加の学校行事も減り、火曜にこだわる必要もなくなってきていました。

火曜開店の頃には、どこか旅行するにしても、水曜から月曜までの1週間が限度でしたが、「月に1度、7日間」にしたことで、それ以外の日は、まとまって自由に使えるというメリットも生まれました。また、泊まりがけでないと桐生に来られない地域のお客さまが、遠くは海外からも来てくださるようにもなったんです。

月に7日、1年で84日、私たちはお客さまと会える。

もちろん1月だって、アトリエショップは元日からオープン。お客さまたちがどの1着と出合ってくださるのか、ワクワクしながら新年を迎えます。

つくりあげてきた自分たちのスタイル

K

私たちの服への思いの原点にあるのが、「トヨコおばあちゃんのセーター」です。

トヨコおばあちゃんは、私の祖母で、今年96歳。子どもの頃の私が、両親が営む小さな食堂でひとりで遊んでいるとき、おぶって町を散歩してくれたり、一緒に押し花をつくってくれたり、たくさん遊んでくれた大好きな人です。

祖母は戦後、町にできた縫製工場で働いていました。

おしゃれな人で、はじめてもらったお給料で買ったのは、近くの毛糸屋さんの毛糸。その頃桐生には「編み子さん」といって、毛糸をもっていくと要望に応じて服を編んでくれる人がいて、祖母はその毛糸をもっていったそうです。そして、そのあとも、お金が貯まるたびに、セーターを編んでもらうことを楽しみにしていたといいます。

思い起こせば、私が幼い頃から祖母はいつもセーターを着ていました。

夏は綿、冬はウール。半袖だったり、長袖だったり、祖母のセーターのコレクションは50着ほどあります。どれも、長年一緒に過ごしてきた家族のように、祖母の体にくったりとなじみ、愛おしい姿、形をしています。

かっこいいとか、おしゃれとか、流行とかではなく、誰かの暮らしにしっくりと溶け込み、誰かの記憶に静かに残り、誰かの気持ちをそっとなでるような、そんな1着がつくりたい。「トヨコおばあちゃんのセーター」が教えてくれた「長く1着を着る愛おしさ」が、私たちの服づくりの軸になっています。

年齢、性別、国籍、体型に関係なく身にまとえるボーダレスな服を、最初から追求してきました。人間は、線を引いて分けられるものではなく、その違いはグラデーションのようなものだと思っているからです。

私が、妊娠中も出産後も1枚の服を着続けたように、サイズも細かく分けず、ワンサイズ。身長165センチの私、身長180センチの開人が試着をし、子どもたちにも着せてみる。そして、その人の身長なりに、肩幅なりに、体の厚みなりに、きれいなラインが生まれるデザインになっているか、サイズになっているかを見極めていく。動きやすく、着ていて疲れない、というのも長く愛される服に欠かせない条件です。もう2ミリ詰めてみよう、もう3ミリ開けてみようと微調整をしながら完成形を目指します。

季節も細かく分けず、シーズンレス。1年の長い時期、着られるようにもしています。

シーズンがないので在庫もない、セールもしない、というのがリップルのスタイルです。

多くのアパレルは、春夏もの、秋冬ものと分けているので、春夏もののシーズンが終わればセールをして在庫を処分し、秋冬ものに切り替えます。でも、シーズンレスならその必要もありません。私たちの手元にある服は、まだ着るべき人と出合っていないというだけで、「在庫」ではないのです。じつは1年以上、出合いがない服というのも不思議とありません。しばらく手元にある服を、いつもと違う地域にもっていった途端、すぐに売れたり。人と人との出合いのように、出合うタイミング、場所というのが、人と服にもあるみたいです。

ボーダレス、シーズンレス。さらに、リップルの服にないのが、ネームタグです。

市販の服にはたいてい、背の上部の内側などにブランド名が書かれたタグがついています。それは、工場などでいろいろなブランドの服が大量生産されるようになったとき、どのブランドの服かわかるように印をつける必要があったから、とも聞きます。また、買った人が、そのブランド名に価値を見出したり、喜びを感じる、ということもあるかもしれません。

でも、リップルの場合、自分たちでつくっているので、ほかのブランドとまぎれないよう印をつけておく必要はありません。お母さんが、子どものためにつくる服と同じです。

そして、私たち自身がブランド名ではものを買わないので、別に「リップル」ではなく、なんと呼ばれてもいいくらいなのです。タグをつけるか、つけないかは、ことあるごとに夫婦で話し、「ブランド名ではなく、伝えたいメッセージを書いた布片をつける」というアイデアが出たことも。でも、「自分たちの承認欲求を満たす何かをつける必要はないね」というところにいまは落ち着いています。今後、また違うアイデアが出てくるかもしれませんが。

さらに、私たちにないのは通販です。

すべて色が違う1点ものなので、オンラインでのご注文に対応するのはむずかしい、ということもあります。それに、私たちの思いとしては、形、色、質感を、実際に見て、着て、触って、選んでいただきたいのです。桐生のアトリエショップや、各地のギャラリーで開催する個展になかなか行くことができない、と残念がってくださるお客さまには、本当に申し訳ないのですが、いまどき、そんな不便な洋品店もあっていいかな、と思っています。

そして、私たちは、営業活動もしてきませんでした。

リップルを始めてから、「うちのマルシェに参加しないか」「うちのギャラリーで個展をしないか」「うちの百貨店で展示会をしないか」とみなさんが声をかけてくださることが多く、自分たちで売り込んだり、営業をせずにやってくることができました。

これも波紋のようにご縁がつながっているおかげだと思い、どの依頼も大切にして断らない、ということを通してきました。ときには、私たちとはテイストが合わないのでは、方向性が違うのではと思うことはあっても、そういう先入観は捨てて、服をもって参加する。私たちは、いろいろな場に行き、いろいろな人に会い、いろいろな意見を聞いて学ぼうと思ってきました。でも、どんなときも「誰かの人生に寄り添う、その人だけの1着をつくる」という軸がゆらいだことはありません。

これが私たちの服づくりのスタイル。ないものは多いけれど、強い思いはあります。

スペックよりも、感じてもらうことを大切に

暮らしのなかから生まれた服をマルシェで販売することからスタートした僕らは、アパレルの販売や流通システムをまったく知らずにやってきました。そして、いろいろな人から「デザイン、制作、販売のすべてを自分たちで行なうなんてめずらしい」といわれ、「プレスもいない、新作発表の展示会もしない」ことに驚かれてきました。

いまでは笑い話ですが、「プレス」と聞いた久美子が「アイロンのこと？　アイロンならうちにもあるけど」と勘違いし、「プレスとは広報や宣伝担当のこと」だとあとから知ったくらい、僕らは業界のことに無頓着だったのです。でも、リップルはリップルなので、いまだにプレスもいなければ、新作は随時つくっているので、発表のための展示会もしません。

情報発信は、かつてホームページをつくったこともあります。でも、なかなかタイムリーに更新することができず、いまはインスタグラムになりました。今回、この本では、服を1着1着、標本図鑑のような写真に撮りましたが、これは初の試みで、インスタでは久美子や家族が服を身につけたイメージ的な写真を載せています。

そして、文章のほうは、ちょっとしたメッセージを添えるだけで、値段、素材、染料の種類や染め方などは、一切、書いていません。そういう記載があると、人というのはどうしてもその情報に引っ張られがちです。コンピュータやカメラなどであれば、スペックの比較が大事かもしれませんが、服は精密機器とは別ものだと思っているので、写真からその服がもつ空気を感じ、想像をめぐらせてもらえればと思っているのです。

「リップルの服を部屋に飾って眺めています」

ときどき、こんなことをいってくださるお客さまがいらっしゃいます。僕らにとって、本当にうれしい言葉です。1枚の絵を前にして、人それぞれがいろいろなことを思い、感情が揺さぶられたり、鎮められたりするように、僕らの服が、感性や精神に触れるものであってくれたらと思っています。

アトリエショップでも、服がどんなふうに見えるか、どんなふうに見せるかに、僕なりに気を遣っています。ショップのオープン中にもいろいろとディスプレイを変えて、久美子や常連さんたちから「またやっている」と笑われたりもしますが。ちょっとした高さや角度で服の表情が変わる、そんな発見もお客さまたちにしてもらえたらいいなと。

最近、アトリエショップとは別に、同じ敷地内に服の展示スペースを設けるようになりました。美術館で絵を見るように、服を眺めていただけたらと。「身につける」ということだけに限られない服の可能性。僕らもお客さまたちといっしょにそれを探っていきたいのです。

まったく違うふたりだからこそ

僕ら夫婦は、生き方や暮らし方に対する価値観は結構、似ていると思います。でも、ものに対する考え方や性格はまったく違います。

僕は、石橋をたたいて渡るタイプ。ときにはたたきすぎるくらいです。何かを「やるか、やらないか」の判断は、できるか、そうでないか。

久美子は、石橋をたたかずに渡るタイプ。ときには橋などなくても、対岸に向けてジャンプしています。物事を「やるか、やらないか」の判断は、ワクワクするか、そうでないか。

こんなふたりのバランスがなんとなくとれているから、ブレーキを踏んだり、アクセルを踏んだりしながら、リップルが10余年やってこられたのかなと思います。

そして、「ひらめき担当」の久美子がたいていどこに行きたい、何をつくりたいといい出し、「実現担当」の僕が道筋をつけて現実化する、という役割分担もいいのかもしれません。

例えば、ある日突然、久美子が「1着ずつに絵を描きたい」といい、ボディに着せた服に染料で絵を描き始めました。服に描かれたその絵を見て、僕はすごくいいと思ったのですが、でも、実際に久美子が描けるのは1着、2着。製品にしていくのはむずかしいと思いました。そこで、手捺染《てなっせん》工場の職人さんに連絡をしたんです。

手捺染というのは、ハンドプリントで生地に柄を染める方法。桐生にはそれができる腕のいい職人さんのいる工場があるので、久美子の絵でプリント生地をつくることを考えました。その話をすると久美子は最初、「1着ずつ描いていくから面白さがあるので、プリントではつまらない」といっていました。でも、彼女の絵で型紙をつくり、日本が培ってきた技術で染めてもらった生地ができあがったとき、久美子は感動し、そこにいろいろな可能性を見い出したようです。

第1章で紹介した「バタフライドレス」は、こうしてできあがった生地を使っています。プリント生地は初の試みでしたが、いままで通り、1点ものになるよう、この布を使ってつくる服のデザインを変えたり。また、同じデザインでも、柄が出る位置によって印象が変わるように、型紙の元になる原画の段階でいろいろと工夫をしました。

子どもの頃、紙の着せ替え人形の服に絵を描いていたように、服に絵を描きたい。そんな久美子の夢が、ちょっと違う形ではありますが、実現できたのです。

僕は、絵も描けないし、デザインも考えられない。だから、僕だけだったら何も生み出すことはできません。でも、ひらめきが抜群な久美子だけでも、何も形にならない。まったく違うふたりだからこそ、リップルは成り立っているんだと思います。

第4章
自分たちらしい生き方、働き方

自分たちに合う仕事をつくる

K

自分たちがほしいおもちゃがない。だったら、つくってみよう。
自分たちが着たい服がない。だったら、縫ってみよう。
自分たちがほしい色の布がない。だったら、染めてみよう。
結婚してから私たちは、こんなふうに暮らしてきました。

でも、「自分たちに合う仕事がない。だったら……」に続く行動にたどりつくには、少し時間がかかりました。私としてはずっと「何かできないか」という思いはあったのですが。

開人自身がいっているように、会社勤めをしている頃の彼は、仕事にやりがいを感じることができずにいました。自分なりに新しい試みをしようとすると、会社の人たちから現状維持を求められて何もできず、正直、ふてくされている感じでした。

でも、私は出会ったときから、開人はすごいエネルギーとポテンシャル、そしてアイデアをもっていると思っていました。ただ、彼の能力を生かせる仕事に、いまはたまたま出合っていないだけなのだと。

私の父は当初から「開人君は起業をしたほうが合っている」といっていましたが、そこは、何ごとも慎重な開人のこと。「起業？　なんだか現実的じゃないね」と控えめな意見でした。でも、私の頭のなかには父の言葉が常にありました。私が、この人に合う働き方を一緒につくっていければいいなと。

思いもかけず、服づくりが仕事になっていきそうになったとき、私は、これだと思いました。子どものことが大好きで、いつも一緒にいたいと思っている開人にとって、アイデアがいっぱいあって、いつもいろいろと工夫をしたいと考えている彼にとって、自宅で服づくりをし、週末には服をもってマルシェに家族で参加する、という働き方こそ合っている。私もそうしたい。だから、必死に、真剣に、服づくりに取り組みました。

そして、リップル洋品店を専業としていけるようになったとき、開人は別人のように生き生きとし始めたんです。本当に、別人のように。

やりたくないことからも、やりたいことを制限されることからも解放され、彼は「はじめて自分の人生を生きている、という感覚がもてた」といいます。

そんなにむずかしく考えなくていい。ほしいおもちゃが、着たい服が、ほしい色の布がないときのように、自分たちに合う仕事がないなら、つくればいい。

私たち家族が、常に話し合いながら見つけてきた暮らし方、生き方、働き方。

次に私たちは何をつくっていけるのか。それが、いつもいつも楽しみなのです。

子どもたちからも刺激をもらう

K

人生において、本気で「やってみたい」と思うことは、そんなに数多くないと思います。もしかしたら、10個もないかもしれない。だから、子どもたちが何かを「やってみたい」といってきたときは、最高のチャンスだと思って、自分たちがどんなに仕事で忙しいときでもあとまわしにせず、最大のサポートをしてきました。「いま忙しいから、あとでね」などといったら、人生の貴重なチャンスのひとつを、逃してしまうかもしれませんから。

味覚や嗅覚が人一倍、敏感な響が、コーヒーの焙煎の仕事をしたいといったときも、それが実現できるよう、全力でバックアップしてきました。この4年、彼はコーヒーと真剣に向き合い、濃密な時間を過ごし、いま焙煎士としてコーヒー豆を販売しています。

また、響は、ほとんどの有名ブランドの歴史が頭に入っているくらい服に

興味をもっていて、最近では服のデザインもして、私たちにすごくいい刺激を与えてくれています。

水葵が「中学から海外の学校に行きたい」といってきたのは小学校5年生のときです。

「わっ、うちの息子、すごく面白いことをいい出した！」と話を聞くと、自分の未来をいろいろ想像し、学びたい方向性を考えていることがわかって。

そんな思いを応援しようと、まずはその年、水葵と葉月をスイスのサマースクールに送り、日本人のいない環境での暮らしを1か月間、経験させました。その後、2年間かけて下調べや準備をし、ふたりをフランスの中学と小学校に入れたのです。

コロナ禍で状況は刻々と変わりますが、子どもたちの新しい環境への適応能力と意欲には驚かされます。

私たちは、どうしても自分で生きてきた経験の範囲でものを考えがちです。でも、3人3様の子どもたちは、そんなものを軽やかに超えたことをいい始め、やり始める。私たちもできるかぎり、固定観念をもたないようにして、常にブラッシュアップしていかないといけないと、夫婦で話しています。

自由のための孤独と勇気

染色をしているとき、僕は本当に自由を感じます。

「これが正解」という色がないなか、自分が正解と思える色を追い求めていく。

その自由は、10年以上やっていても、僕を夢中にさせ、色ができるたびに感動し、また僕を色づくりに向かわせるのです。

そして、会社を辞めたときも僕は、ああ、自由なんだ、とつくづく思いました。

誰からも強制されることなく、自分の創意工夫で仕事をしていける自由。はじめて生きがい、やりがいを感じることができました。

と同時に、その「自由」を目の前にして、自分らしさ、自分たちらしさを常に見失わないようにしなければいけないとも思いました。流されていかないように。

自分らしく、自分たちらしくあること。それはそう簡単なことではないように思います。

自分、自分たちとしっかり向き合い、どうありたいかを考え、そして、行動をする。ときに、それには勇気が必要なときもあります。

リップルが「デザインも制作も販売も、全部、自分たちでしている」というといろいろな人から驚かれ、「月に7日しか店を開かない」というとめずらしがられてきました。いままでにそんな店、聞いたことがない、と。

ときに好意的なだけではない反応を前に、社会の流れやルールと違う自分たちのやり方がちょっと心配になったり、不安になったりすることもあります。

でも、違うことは楽しい、面白い。みんながみんな同じでなくていい。

僕らはそう生きてきたし、そういう服づくりをしてきました。だから、何かに縛られることなく、自分たちらしくあり続けようとしています。少しの勇気をもって。

水葵が「中学から海外の学校に行きたい」といったときも同じです。

学校や地元の教育委員会に相談に行くと、まず「前例がない」「過去にない」という反応でした。だから、自分たちでいろいろ調べ、行動をしてきました。「前例」に息子の人生を縛られたくはない。水葵に自分らしく生きてほしいから。

世の中にも、何かに縛られたり、周囲と同じであることを求められることを、窮屈に思っている人たちはいるのではないかと思います。

1着1着、色がバラバラなリップルの服を着て、「自分らしくいるために勇気が出て、背中を押されました」といってくださるお客さまがいます。そういう声を聞くと、僕らが目指している方向性は間違っていないと勇気が出ます。

旅が教えてくれるもの

僕たちは、もっといろいろなことを知る必要がある。

リップル洋品店として服づくりを始めたとき、痛切にそう思いました。

衣服の形や色の変遷について、服に対する人々の思想や哲学について、地域独特の布づくりや布使いについて。最初は、図書館などで調べていましたが、経験こそが宝だと思い、家族で海外に行くようになりました。

アメリカ、カナダ、フランス、イギリス、オランダ、イタリア、スイス、モナコ、タイ、ラオス、ネパール、香港。その土地土地で、博物館などに必ず足を運んで、民族衣装の展示などを観てきました。町のテーラーで実際に民族衣装を着させてもらったり、織物の産地を訪ねて、天然素材の栽培から機織りまで見せてもらったりも。

布を巧みに体に巻いたり結んだりして、体型に関係なく着るアジアの文化。体のラインを強調し、きらびやかな装飾を愛でるヨーロッパの文化。布を無駄にしない服、布を贅沢に使った服。衣服の世界は奥が深く、幅も広く、興味がつきることはありません。

右・家族でリップルの服を着て旅していると「いいね」と声をかけられる。「ホームメイド！」と子どもたちもご満悦。
左・旅で観て、聞いて、味わって、嗅いで、触ったさまざまな記憶が、服づくりのイメージのかけらとなっていく。

また、そんな「学び」とともに「体験」も大事にしています。世界のセレブたちが自家用飛行機や船で乗りつけるような一流ホテルやレストランにも、町の人々が通う路地裏にある屋根が落ちてきそうな食堂にも、足を運ぶ。それぞれの場所で、人々はどんな装いをし、どうふるまい、どんなもてなしや料理の出し方がされているか。なぜ、そこは人々から愛されているのか。肌で感じ、考える。比較的、いろいろなものが均質的な日本ではなかなかできない経験が、海外ではできます。そして、それが僕らの生き方や暮らし方、そして、表現の引き出しを増やしてくれる。

日本の「当たり前」は、世界の「当たり前」ではない。そのことを常に知り、意識しておくことが、服を通して多様性や多面性を発信したいと考えている僕らには必要だと思って、また海外へと出かけます。

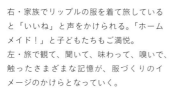

大量生産しない、できない、それがリップル

私は子どもの頃、ひとりでいることが好きで、なかなか周囲となじめないところがありました。そして、子育てをしながらも、人間がそれぞれの個性で生きていけたら、みんな本当にしあわせなのに、と強く思ってきました。

リップルの服も「1着ずつ違っていいでしょう?」「数あるブランドのなかで、うちみたいな洋品店があってもいいでしょう?」という思いでつくってきました。

それを格別、言葉にして発信することはしてきませんでした。服を選び、着てくださる方々に感じ取ってもらえればいい。そして、お客さまたちの言葉から、それが伝わっていることを感じたとき、本当にやり続けてきてよかった、と思います。

長年、リップルをやってきたなかで、「大量生産をしないか」ともちかけられたこともありました。正直、心がぐらついたことも、道を間違えかけたこともある。

でも、「大量に同じ服をつくる意味が私たちにあるか」というところに立ち返りました。

「せっかくの大きなビジネスチャンスを棒に振るのか」と人からいわれれば、別に私たちは

大きなビジネスをしたいわけではない、自分たちの目と手が届く範囲のものづくりがしたいだけだ、と自分たちの思いを確かめ直すことになりました。

リップルらしさってなんだろうと、夫婦で何度も何度も話し合って決断する。こんなやり方なので、私たちはひとつのことを決めるのに時間がかかります。「システマチックな方法を取り入れて、ほかと同じようにもっと効率的にやりませんか」とご提案をいただくと、そういう方法もあるのかと思いますが、でも、人はひとりひとり違うのだから「同じように」は無理がある、それに私たちは別に急ぐ必要もない、と思うのです。

効率、量産と考えた途端に、無限に広がるはずのイメージが、消されていってしまいます。

私たちは、あまり決めつけないことを大事にしてきました。そして、突然のひらめきで、完成した服に刺しゅうを施したり、パッチワークをしたり、布に絵を描いたりもしてきました。それらはアドリブ演奏のようなもので、同じものはいくつもつくれません。

でも、そんな1着と誰かが出合うワクワク感を大切にしたい。また、そういう思いつきの手作業は、のちのち服づくりに生かせる縫い方や布使いのアイデアにつながったりもするので、創作の泉でもあるのです。

「今日はどんな出合いがあるかな」

そんな思いで、お客さまたちがアトリエショップに足を運び、服を選んでくださる。そのワクワク感こそがリップル。だから、大量生産はしない、できないのです。

走り続けてきたその先に

それは、お客さまが着ていた1着のワンピースから始まりました。

その方は、リップルの常連さんです。学生時代にアメリカ留学をされていて、何年かぶりに当時の友人と東京で会ったのだそうです。彼女が着ているワンピースを見て、久しぶりに会った香港在住のお友だちが、「すごくいいね。どこの服？」と。それでリップルが話題になって……。その方は、香港でファッションショーなども主催をされているそうで「コレクションショーに参加しないか」と私たちを誘ってくださったのです。

ほかのブランドも参加していて、リップルの持ち時間は約20分。６か月ほどかけてショー用の服をつくり、長年、趣味でオタクのように曲づくりをしてきた開人が音楽を担当し、ランウェイをモデルさんたちが歩いてリップルの服を披露してくれました。

すると、今度はそのショーをＹｏｕ Ｔｕｂｅで観た海外の人からまた依頼が来て、バンクーバー、ニューヨーク、パリでもコレクションショーに参加させてもらったのです。まさに1着のワンピースから波紋が広がっていきました。

「ショーのような華やかな服をつくらないのがリップルじゃないの？」といった意見も聞こえてきました。もちろん参加を決めるまでに夫婦で何度も話し合いました。

そして、自分たちの発想や表現の領域を広げるために出よう、と決めたのです。

着やすさや動きやすさ、着心地や肌心地。それらはリップルがとても大事にしている部分です。ただ、それだけに執着していると、服に夢がなくなってしまう。私たちがもうひとつ大事にしている、人々の精神に触れるような服づくりの部分が、やせ細っていってしまう。

2019年から20年のコロナ禍直前までショーに参加し、本当に刺激を受けました。いままで自分たちの内側を広げようと意識してやってきたのに、まだまだせまいなと。

着るだけではない、服のもつ力。それを再認識させられるいい機会となりました。

リップルが目指していくもの

K

子どもたちの成長に合わせて、働き方を変えてきました。

まだ3人が小さい頃は、全国のマルシェに家族の小旅行を楽しみながら参加をして。徐々にみんなの体が大きくなってきて、5人での車の移動がむずかしくなってきてからは、アトリエショップを中心とした販売に切り替えました。

さらに、水葵と葉月の留学を機に、また新たな展開になりそうです。どこで暮らすか、どう暮らすかがまた、どんなふうにリップルの服の表現につながっていくのかが楽しみです。

いままで、いろいろな職人さんたちと組んで、布や糸を生み出してきました。

祖父の遺品のジャケットの布の美しさに心引かれ、再現したこともあります。その布を桐生の織物工場に持ち込み、糸1本1本をルーペで解析して。50年ほど前に織られた布は、複雑な色彩と織り方によって柄に奥行きを出していることがわかり、驚かされました。それに近い色の糸を6色染め、ジャガード刺しゅう織で色柄をよみがえらせたのです。

私の花の絵をもとにした手捺染は、6枚の型を刷り重ね、色を染め重ねていくことでようやく一枚の布になります。藍、瑠璃《るり》、紺碧《こんぺき》、鉄紺《てつこん》、浅葱《あさぎ》、群青《ぐんじょう》。熟練した桐生の職人さんが、さまざまな青を重ねて、花に深みを持たせてくれます。

着心地が軽いカーディガンをつくりたくて、リリアン編みにすることで中が空洞の糸を3年がかりで生み出しました。その1本1本の糸が織り出す柄が、しっくりと体になじみます。

職人さんたちの卓越した技、妥協しない誇り。それに私たちも触発されながら、目指す風合いや柄を目指していく工程は心躍るものです。

今度は息子たちの留学でご縁ができる国、土地で、どんな職人さんたちと出会い、その手仕事を服に生かしていけるのか、期待に胸が高まります。

また、今夏から桐生ではアトリエショップの横の建物に展示スペースを設けました。

黒を基調としたアトリエショップと、白を基調とした展示スペース。

ちょっとドラマチックな服との出合いを演出しています。

着る。観る。感じる。

服がもつさまざまな側面、可能性をお客さまたちと見つけていけたらと思っています。

展示スペースでは、これまであまり説明をしてきてこなかった服について紹介したり、プリント地のもととなった原画を展示したり。そこには「知る」楽しさも加えられそうです。

私たちは、どんどん変わってきたし、これからもどんどん変わっていけたらいい。

自分たちらしさってなんだろう、を常に考えながら。

第5章

ひとつずつの色、ひとつずつの形

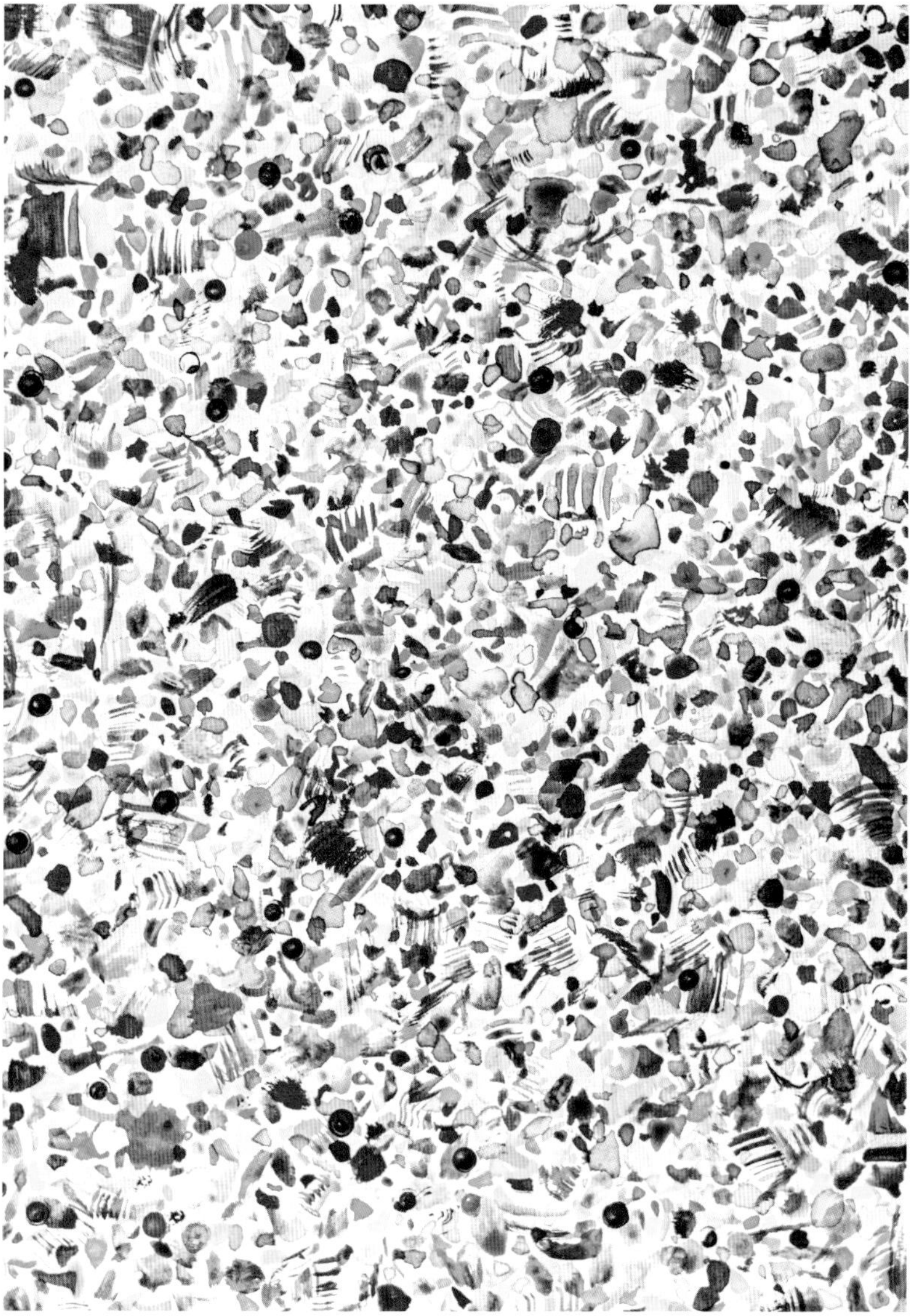

色とりどりの服を、ひとりひとりのお客さまに

アトリエショップでは時折、見ず知らずのお客さま同士で会話が始まります。

自分が気に入っている色と、似合う色が違う、ということはありますが、それは自分自身ではなかなか気づかないもの。それを「似合う」「似合わない」とお客さまたちが教え合ったりし始めるのです。また、「私、この形を持っているけれど、コーディネートしやすくて便利なの」と使い勝手などの説明をする方もいらっしゃいます。

そして、意気投合したお客さま同士、一緒にお茶などに行かれることもたびたびです。

また、「この前、リップルを着て、美術館に入る列に並んでいたら、後ろの人から、どこの服かとたずねられて。話が盛り上がったんです」と報告してくださる方もいます。

リップルの服が、「人と人をつなぐ」役目をしているのが本当にうれしいです。

その一方で、自分の内側を見つめたり、気持ちを動かすために、リップルを役立ててくださっているお客さまたちもいます。

「落ち込んだときには、この服を着て出かけます」

「ここは勝負、というう仕事のときに、お守りがわりに身につけます」

「自分は自分のままでいいと確認する服です」

服が、着る人の精神に働きかけるものであってほしい、と思っている私たちにとって、こういうお話を聞けるのは、この上ない喜びです。

あるいは、リップルの服を「アート」ととらえてくださっている方もいます。

空間演出などをする会社の社長さんは、「絵はもち歩くことはできないけれど、服は生活のなかで移動できるアート・ピース」とおっしゃって、社員の方たちが仕事現場で着る服をリップルでそろえてくださっています。それも、ひとりひとりが自分で着たいものを選んだほうがいいと、交代で仕事を休んでアトリエショップに来てくださるのです。

服がもつ「多面的な役割」「多様な力」。

服とは、つくづく面白いと思います。そして、服がもつ可能性をさらに見つけ、広げていきたいと意欲が湧きます。

リップルのお客さまは10代から80代まで。お仕事も、生き方も、国籍もそれぞれです。

同じ系統の色ばかり、違うデザインで何着ももっている方。

同じデザインばかり、違う色で何着ももっている方。

色とりどりの服を介して、個性豊かなお客さまたちひとりひとりと出会える。私たちはリップル洋品店であることが、本当にしあわせです。

その人だけの服

１００人いれば、１００の服の愛し方がある。
１００人いれば、１００の服の着方がある。
そして、１００人いれば、その人の思い出や記憶を吸い込んだ、その人だけの服がある。

年齢も性別も職業も関係なく、ひとりひとりの人生に寄りそう服をつくりたいと思ってきました。そして、その服と出合ってくださったお客さまが、それぞれ自由に着てくださったらいいなと。

リップルの服をいろいろなシーンで、いろいろなときに愛用してくださっている９組のお客さまにご登場いただきます。

私たちがつくった服が、私たちの手を離れたあと、お客さまたちの元でそれぞれの時を刻み、味わいを増してることに、心打たれます。

おかって市場 ギャラリーオーナー
高橋公子さんご家族
左から
夫 喜美さん：ノーカラージャケット、スタンダードシャツ
公子さん：カシュクールコート、ノースリーブタックワンピース、フレアパンツ
娘 南 晴香さん：フレアスリーブ2wayドレス
晴香さんのご主人 南 一正さん：ノーカラージャケット、ダブルサイドポケットシャツ

ジェラテリアわびさびや オーナー
高野欽市さん・道子さんご夫妻
欽市さん：アトリエコート、パッチワークＴシャツ、クラシックデニムパンツ
道子さん：ギャザーカシュクールコート、タックフレアパンツ

ウェディングプロデューサー／ OH!HAPPY WEDDING オーナー
砂賀美絵子さん
ツナギ、ループボタンドルマンスリーブシャツ

右・料理人／ cafe restaurant NILS オーナー
川島祐子さん
ロングカフスストレートラインドレス

左・茶道家／参夕 オーナー
川島宗鳴さん
オーバーラップネックプルオーバー

フローリスト／フラワーショップ Atelier Lala オーナー
五十嵐則子さん
鹿の子編みセーター、リバーシブルパッチワークスカート

ギャラリー ALGO オーナー
小倉 香さん
オールドタウンドレス
ソメイロくつした

音楽家／DJ 片山浩朗さん
美術家 片山真理さん
浩朗さん：比翼シャツコート、スリットパンツ
真理さん：ヒエン夫人のワンピース

MIA MIA オーナー／モデル／音楽プロモーター／文化服装学院講師
Vaughan (ヴォーン) さん
パッチワークローブコート

色合わせの楽しみ

K

暮らしのなかで目にしたもので、「この色とこの色の組み合わせ、きれいだな」と思ったら、それを頭のなかにストックしておいて、服の色のコーディネートに生かしています。

空の色と、そこにかかる虹の色。

葉っぱの色と、そこにとまる蝶の羽の色。

苔むした石の色と、その横に咲く花の色。

自然のなかにヒントがあると思っていて、毎日、風景を眺め、見飽きることがありません。ほかにもワインのラベルやお菓子の包装紙など、ちょっと意識をすると暮らしのなかにもすてきな色合わせはいっぱいあります。

今年の流行りのファッションコーデとか、色合わせのロジックのようなものを参考にすると、どんどんルールが生まれ、それに縛られてしまいます。

それよりも、もっともっと自由に感じるままに選んでいく。

その日の自分の心の色も感じながら、服の色合わせを楽しんでもらいたいです。

虹7色、赤、橙、黄、緑、青、藍、紫の隣同士の色を組み合わせると美しい。
写真は藍と紫を合わせて。
ショールコート、シェパードドレス

上・光と影。ときには色の濃淡でコントラストをつけてみる。
コットンリリアンカーディガン、フレンチスリーブシャツ、ランダムピンタックスカート

左・いつも家族それぞれが着たい色、形を着るが、
自然と家族全体で色彩のグラデーションをつくって楽しんでいる。左から
葉月：リバーシブルラグランコート、サイドポケットボックスシャツ、ストレートパンツ
久美子：トラディショナルフーデッドコート、ループボタンフラワードレス、ファーマースカート
響：テンプルコート、チャーチコート、ボートネックシャツ、ラップパンツ
水葵：ウイングトレンチコート、グラデーションクラシックシャツ、ワイドパンツ
開人：カシュクールコート、ドロップショルダーシャツ、パッチワークパンツ

おわりに

この本をつくりながら、リップルを始めてからの12年ぶんのたくさんの思い出を振り返る、とてもいい機会をいただきました。たくさんのお客さまの笑顔が浮かびます。

私たちは、本当にたくさんの人に出会い、本当にたくさんの人のおかげでいまもこうして服をつくり続けているのだと、改めて実感しています。

言葉にしてしまうとたった10文字の表現になってしまいますが、表しきれないほどの気持ちを目一杯詰め込んで、「ありがとうございます」。

12年間、本当にたくさんの服を夢中でつくってきました。日々できあがる新しい色、新しい形、それはまるで人々のそれぞれの個性のようにイロトリドリに目に映ります。

「みんなそれぞれに、美しく、みんなそのままに、美しい」。そんなことに繰り返し繰り返し感動しながらつくってきました。

私たちのつくる服は色も、形も、人と同じようにできあがる。
人も、ひとり、ひとり、それぞれの色と形をもち合わせて生まれてくる。

自分のままでいる、ということが社会のなかで、生活のなかでは、なかなかむずかしい場面もありますが、それぞれにもつそれぞれの色をそれぞれが生きられたら、世界はもっとずっとイロトリドリで、美しく感動に満ちているように感じます。

自然に、そのままに、自分の色を大切に抱えながら、時には誰かの色と混ざり合いながら、新しい色を見つけたり、違う色を出してみたり、楽しく自由に変化しながら、それぞれの生活が巡ってゆく世界に、豊かさや希望の想いを馳せています。

私たちがつくるバラバラな衣服。ひとつずつの色、ひとつずつの形が、みなさんのひとつずつの生き方を、静かにそっと包み込み、あしたを生きる力添えになれたらと、想いを込めてこれからもつくり続けていけたらと思っています。

最後になりましたが、この場をお借りして、この本をつくる機会をくださった編集者の秋篠さん、私たちの伝えたい想いを言葉にしてくださった竹中さん、私たちの表現を装丁デザインでまとめてくださった阿部さん、写真撮影を快諾してくださったリップル愛用者のみなさん、たくさんの楽しい時間をありがとうございました。

岩野久美子

描くことが大好きだった6歳の頃の絵。絵を描くこと。つくること。すべてがいまにつながっている。(久美子)

岩野開人(いわの・はるひと)　岩野久美子(いわの・くみこ)

群馬県桐生市で、夫婦でRIPPLE YōHINTEN(リップル洋品店)を営む。
毎月1日〜7日のアトリエショップでは、
すべて手づくり、1点ものの色とりどりの衣服が並び、
日本各地や海外からも注目を集める。

インスタグラム
https://www.instagram.com/ripple_yohinten/

ひとつずつの色
ひとつずつの形
ひとつずつの生き方
リップル洋品店の仕事と暮らし

2021年11月18日　初版第1刷発行

著者　岩野開人　岩野久美子

撮影　岩野開人
題字・章扉絵　岩野久美子
編集協力　竹中はる美
ブックデザイン　阿部美樹子

発行者　松原淑子
発行所　清流出版株式会社
〒101-0051
東京都千代田区神田神保町3-7-1
電話　03-3288-5405
ホームページ　http://www.seiryupub.co.jp/

編集担当　秋篠貴子
印刷・製本　シナノパブリッシングプレス

ISBN978-4-86029-514-1